阿部正浩・前川孝雄 編

有斐閣

はじめに

本書は、研究や仕事を進めるうえで大学生や社会人に必要となる基礎的な技術を学んでもらうため、私たち編者二人が、その道のプロフェッショナルから伺った話を、まとめたものです。

私たちは、10年以上も前にあったあるシンポジウムで知り合い、折に触れて大学や企業での人材育成などについて話をしている間柄です。つねづね、どうしたら企業が必要とする人材を大学で育てることができるのだろうと考えています。そうして達した一つの答えが、若い人たちには、社会で生きていくための基礎的な技術、つまり**学ぶ技術と働く技術**を、もっと身につけてもらわないといけないね、というものでした。

すでに世の中では、職場や社会で多様な人々と一緒に仕事を進めるうえで、社会人基礎力[*1]が必要だといわれています。私たちも社会人基礎力は重要と考えますが、それと同時に大事だと考えているのが、学ぶ技術であり、働く技術です。というのも、私たちが積極的に行動したり、考え抜いたり、周りの人と協働したりすることは、たんにそうしようと思う気持ちがあればできるというものではないからです。

*1 社会人基礎力は、「前に踏み出す力」「考え抜く力」「チームで働く力」の3つの能力と、これらを構成する12の能力要素からなるもので、社会人に必要な能力だとされる。詳しくは、経済産業省の社会人基礎力ホームページ(http://www.meti.go.jp/policy/kisoryoku/index.html)を参照。

例として、スポーツをすることを考えてみてください。サッカーでも野球でもいいのですが、スポーツをするには最低限の技術が必要です。サッカーならドリブルしてボールをパスする技術が必要ですし、野球ならキャッチボールができて、バットの芯でボールを捕えて打つという技術が必要です。そうした技術があってはじめて、試合中に積極的に行動し、どういう戦略で試合を進めるかを考え、チームのみんなと一緒に闘うことができると思うのです。

大学での学びも、企業で仕事をするのも、基本的にこれと同じだと考えます。「読み」「書き」「算盤（そろばん）」と同様の、大学生や社会人に必要とされる技術があるというわけです。私たちが必要だと考えている技術は、具体的には、

自分を知ってもらう技術
相手を知る技術
記録する技術
プレゼンテーションの技術
自分の考えを伝える技術
問題を発見し、解決する技術

です。

今回、これらの技術に長けたプロフェッショナルな人たちから話を伺って、改めてわかったことがあります。それは、私たちがこれらの技術を体系的には学んでいないということです。でも、私たちがこれらの技術をまったく身につけていないかというと、そういうわけでもありません。勉強や仕事を通して、先生や友人、職場の先輩や同僚から、これらの技術を学んでいたのです。経済学の用語でいえば、ＯＪＴ[＊2]（on the job training）です。

ＯＪＴの場合、周囲によいお手本があればよい技術が身につきますが、そうでないと、あまりよい技術を身につけることができません。昔の職人は、親方の仕事を盗めたら一人前になる、といわれたようですが、それでは誰もが一人前にはなれません。人によって自己紹介やプレゼンテーションの上手い下手があり、問題発見できる人とできない人がいるのは、それらがＯＪＴで学ばれているからかもしれません。

だからこそ私たち二人は、体系的にこれらを学べないかと思って、本書をつくったのです。みなさんに本書を読んでもらって、学ぶ技術と働く技術を身につけてもらいたいと、切に願っています。

＊2　ＯＪＴは、仕事をしながら先輩や同僚から仕事の仕方を学び、身につけるという、教育訓練の一方法。

ところで、中学・高校・大学は、ホップ・ステップ・ジャンプのように連続しているように思われていますが、高校と大学の間には大きな隔たりがあります。高校と大学はどちらも同じ教育機関ですが、**大学は高校と違って研究する機関**でもあります。高校までのように、教科書に書いてあることを学習するだけというのとは違うところなのです。中学や高校でも夏休みに自由研究をしたりすることはあったでしょうが、高校までの授業の目的は、やはり研究ではなく学習だと思います。

編者の阿部は、学習というのは、私たち人類の祖先が発明したことや発見したことを身につけることだと考えています。たとえば大昔の人類は、現代の私たちのように数を数えることはなかったといわれています。現代の私たちは、一つ、二つ、三つ……、百、……と大きな数まで数えることができます。しかし大昔は、一つとたくさんといったように、数を数えることをしなかった。必要は発明の母といいますが、人類は狩猟から牧畜、農耕へと生活や仕事を変化させていくなかで、言葉や文字をつくり、数の数え方や計算の仕方を編み出し、さらには天気や地形など自然における法則を発見しました。私たちが現代の義務教育で習っている内容は、私たちの祖先が長い時間をかけて発明・発見してきたことなのです。こうした、過去に人類が発見したり発明したことはどのようなものであるのかをインプットする、これが学習だと私は思っています。

この点で、研究は学習とは大きく異なります。**研究は、これからの未来に向けて、今まで**

になかったものを発明することであり、新しいことを発見することなのです。もちろん、研究するためには、人類がこれまでに蓄積してきた発明と発見から学習することも必要です。でも、学習だけでは新しいことを発明したり発見したりはできません。研究を行う機関である大学に入学した学生は、ただ学習しているだけではダメだと思うのです。

大学の授業で学生たちに、「大学に進学した君たちに求められることは何だろうか」と問うことがあります。答えは一つに限らず、無数にあると思います。ただ、私なら、「これからの地球のために、役立つものやことを発明できたり、発見できたりする人材になること」と答えます。地球や人間がより豊かになることや、持続可能で平和な社会をつくることに貢献するために、自分で考えて行動できる人材です。おそらく、そういう行動ができるようになることが、大卒という資格を得ることなのだろうと思っています。大学生にはそうした認識を持ってもらいたいのです。学習するだけではなく、そこから次の発見や発明にどうつなげていけばよいのかを考えることが、大学では大切なのです。

では、大学で研究をするにはどのようなことを学べばよいでしょうか。編者の私たちが一番大事だと思っているのが、自分で問題を見つける力です。そもそも問題を見つけることができなければ、研究はできないからです。みなさんが解く問題は、高校までは教師から与えられていたと思います。しかし、大学では自分で研究のための問題を見つけなければなりません。

ところが、問題を見つけることは、そうたやすいことではありません。卒業論文に取り組もうとする学生のうち、すぐに具体的な研究を始められるような問題を見つけるのは、ほんのわずかに過ぎません。多くの学生は、さまざまな紆余曲折を経て問題を見つけ、研究をスタートさせることになります。時間がかかることが悪いわけではありませんが、可能ならば多くの学生に、つねに問題意識を持てるようになってもらいたいと思います。

とはいえ、問題をなかなか見つけられないのは、学生個人だけに問題があるわけではありません。そもそも問題の見つけ方を学ぶ機会が学生にないのが、問題なのかもしれません。放っておいても自分で問題を見つけることのできる学生もいますが、そうではない学生には、どうしたら問題を見つけられるかということも学んでもらいたいと思います。本書を企画した理由のなかでも大きなものの一つは、問題を見つけるという技術を多くの人に学んでもらいたいと思ったことでした。

大学で研究するために学ぶべき第二のことは、問題を解決する技術です。自分で見つけた問題を解いていく力です。ここでいう問題を解く力は、高校までの試験問題を解く力とはやや異なります。試験問題は、なかには素晴らしく難しい応用問題もありますが、一般的には授業で学習したことを適用すれば解を得ることができます。しかし研究においては、解決策が複数ある場合もあり、学習したことだけを適用すれば問題を解決できるわけではありません。

編者の阿部は、大学で経済学の視点から労働市場の問題を研究していますが、経済学の教科書で学習したことだけを利用して研究しているわけではありません。経営学や法学、社会学、心理学、歴史学、場合によっては数学や物理学からも、研究を進めるためのヒントを得ることがあります。

ある問題について、さまざまな視点から学習を積み重ね、ヒントを得て、自分なりの解を見つけ出す、という力が、最終的にみなさんには求められてくるわけです。問題を見つけることと解決することとの間にあって、過去の人類が発見し発明してきたことを幅広く学習し、それをヒントに深く考えるということも、研究のうえでは大事なことなのです。本書では、そのための技術も紹介していきます。

大学で研究するために学ぶべき最後のことは、**研究の結果（問題の解決策）を、ほかの人たちに知ってもらう方法**です。素晴らしい研究も、それがほかの人たちに正しく認知されなかったら、地球のため人類のためにはなりません。18世紀のイギリスに、電気に関する数多くの優れた研究を行ったヘンリー・キャベンディッシュ[*3]という科学者がいました。この人は、オームの法則や、比熱・潜熱、砒素の発見など、非常に重要な研究を数多く行ったのですが、

＊3　Henry Cavendish, 1731-1810。

研究成果の多くを公表しませんでした。彼の偉大な発見が見つかったのは、彼の死後30年ほど経ってからです。もっと早い時点で公表されていたら、人類の歴史は大きく変わっていたかもしれません。

つまり、自分の研究成果を、論文としてまとめることや、研究発表会などでプレゼンテーションすることは、研究を行ううえでとても大事なのです。ところが、論文を書いたり、プレゼンテーションしたりすることを、体系的に学ぶ機会はなかなかありません。本書で、どのようにプレゼンテーションしたり、論文を書いたりすれば、自分の考えが相手に伝わるのかを、学んでください。

ここまで、大学での学びについて述べてきましたが、**大学で学んだ技術は社会に出てからも通用すると**、編者の私たちは思っています。編者の前川は、人材育成コンサルティング企業を営み、さまざまな企業の人材育成のお手伝いをしています。そうした経験からいっても、大学で行う研究を通して学べることは、会社で働くための基本的な技術になりうると考えています。

多くの企業が、イノベーションが大事だ、独創性が必要だといっています。でも、現実には、それらがなかなか生まれてこない。結局、どこかの会社がやっていることを真似て、二番煎じ・三番煎じになってしまっている会社が多い。なぜこうなるかと考えたとき、問題を発見したり解決したりすることのできない人が多いのではないかと、思い当たるようになったわけです。

たとえば、さまざまな会社に研修などを行っていて、研修で学習したことを現場に応用できない人が多いと感じます。とても面白いのが、管理職研修。多くの会社がコーチングを管理職に学ばせています。でも、研修でコーチングの技術を学習した管理職の人たちが、実際にそれらを現場で使っているかというと、まったくできていない。学習することと現場で実践することがつながっていない。学習することで終わってしまっている。

学習は大事です。でも、学習したことを現場で実践できないと意味がない。**現場で実践するには、臨機応変に、学習したこと以上の工夫も必要です。**それがまさに創造であり、新しい発見や発明につながっていくのだろうと思います。

本書は学生だけでなく、社会人にとっても有用だと思います。第1章からじっくり学んで、現場で応用してください。

2017年7月

阿部正浩
前川孝雄

編者紹介

阿部 正浩

Masahiro Abe

中央大学経済学部教授，博士（商学）

慶應義塾大学商学部卒業，同大学院商学研究科博士課程満期退学。一橋大学経済研究所助教授，獨協大学経済学部教授等を経て，現職。

専攻は，労働経済学，計量経済分析，経済政策。

主要著作に，『日本経済の環境変化と労働市場』（東洋経済新報社，2005年；第49回日経・経済図書文化賞，第29回労働関係図書優秀賞受賞），『日本企業の人事改革』（共著，東洋経済新報社，2005年），『キャリアのみかた』（共編，有斐閣，初版2010年，改訂版2014年），『少子化は止められるか？』（編著，有斐閣，2016年）など，多数。

前川 孝雄

Takao Maekawa

株式会社FeelWorks代表取締役，株式会社働きがい創造研究所代表取締役会長，青山学院大学兼任講師

大阪府立大学経済学部卒業，早稲田大学ビジネススクール・マーケティング専攻修了。株式会社リクルートを経て，2008年に「人を大切に育て活かす社会づくりへの貢献」を志に株式会社FeelWorks創業。「この国に『人が育つ現場』を取り戻す」ことをビジョンに掲げ，独自開発した「上司力研修」「キャリアコンパス研修」「働く人のルール講座」「人を活かす経営者ゼミ」などで300社以上を支援している。2011年より青山学院大学兼任講師。2017年に株式会社働きがい創造研究所設立。多様な人を育て活かす「上司力」提唱者として年に100回を超える講演活動も。

主要著作に，『上司の9割は部下の成長に無関心』（PHPビジネス新書，2015年），『この1冊でポイントがわかる ダイバーシティの教科書』（共著，総合法令出版，2015年），『「働きがいあふれる」チームのつくり方』（ベスト新書，2016年）ほか。『読売新聞』連載「前川孝雄のはたらく心得」（2014～17年）など，コラム執筆も多数。

各章の構成

＊本書の各章は、以下のような統一的な節構成になっています。

1 （その章の「技術」と大学生）〔阿部執筆〕

2 プロフェッショナルに聞く〔阿部・前川による、その章のプロフェッショナルへのインタビュー〕

3 インタビューからの学び〔阿部執筆〕

4 ビジネスシーンへの発展〔前川執筆〕

はじめに　i
編者紹介　x
各章の構成　xi

第1章　自分を知ってもらう技術　1

1　大学生の典型的な自己紹介　3
2　プロフェッショナルに聞く◉小林靖弘さん　5
自己紹介のプロ？（5）　自己紹介の役割とは（8）　自己紹介と自己PRの違い（9）　よい自己紹介（11）　場面によって自己紹介を変える（13）　よくない自己紹介（17）　やっぱり準備が大事（19）
3　インタビューからの学び　20
お互いの緊張を緩和することが大事（20）　自身についてのシンプルな概要を話す（22）
4　ビジネスシーンへの発展　23

何をいうかの前に、誰がいうか（23）　「らしさ」が伝わる自己紹介（25）　自己紹介と自社紹介（25）　相手の関心を高めてコミュニケーションへ（26）

第2章　相手を知る技術 ―― 29

1　大学生の会話力　31

2　プロフェッショナルに聞く◉山根一眞さん　34

インタビューの下準備（34）　インタビューをするときの注意点（42）　インタビューで恥をかけ（47）　ギブ＆テイクのための準備（49）

3　インタビューからの学び　51

相手に信用され、信頼され、気を許してもらうための下準備（51）　相互に意思疎通をし合えるインタビュー（53）

4　ビジネスシーンへの発展　55

多様な人との協働なしに仕事は成り立たない（55）　事前に相手を取り巻く環境を徹底的に調べる（56）　もしも自分が相手だったら（57）

お役に立ちたい姿勢が相手の心を開く（58）

第3章 記録する技術　61

1 ノートをとらない大学生　63

2 プロフェッショナルに聞く◉太田あやさん　64

何のためにノートをとるのか（65）　社会人になると黒板はなくなる（70）　ノートのとり方（72）　ムダなことはやらない（74）　自分の「脳」に合ったノートのとり方（76）　将来の生きる力になる（79）

3 インタビューからの学び　80

記憶をよみがえらせるためのノート・メモ（80）　目的意識を明確にする（82）

4 ビジネスシーンへの発展　83

メモやノートをとれないと致命的（83）　目的別の活用（84）　ツールは賢く自分に合うもので（85）　記録することは学ぶ意欲の表れ（86）

第4章 プレゼンテーションの技術 89

1 大学生のプレゼンテーションの問題点 91

2 プロフェッショナルに聞く 中澤優子さん 93

起業に至るまでの経緯（93） バックグラウンドを話す（99） 孫正義さんへのプレゼン（102） 穴を掘る（103） ワードもエクセルも使えなかった?!（107） メディア向けのプレゼン（109） 情報を深掘りする（110） 驚きを与える（113） 自分の立場を客観視する（116）

3 インタビューからの学び 117

プレゼンテーションもコミュニケーション（117） 状況を踏まえて深く考えたプレゼンを（118）

4 ビジネスシーンへの発展 119

自分のなかに強い想いがあること（119） ポイントを絞り込む（120） 相手への思いやり（122） わかりやすいストーリー（123） 共感を呼ぶ情熱（124）

第5章 自分の考えを伝える技術 127

1 大学生のコミュニケーション能力 129

2 プロフェッショナルに聞く●山根一眞さん 132

アイディアを整理する(132) 話して伝える(135) 書いて伝える(139) テーマの選び方、見つけ方(144)

3 インタビューからの学び 146

相手が望んでいることを簡潔に伝える(146) 伝え方を工夫する(147)

4 ビジネスシーンへの発展 148

社会人も悩む、伝えることの難しさ(148) 「伝える」ではなく「伝わる」がゴール(150) 要は何を伝えたいのか(151) 伝え方は相手に合わせて柔軟に変える(153)

問題を発見・解決する技術 155

1 問題意識を持てない大学生 157

2 プロフェッショナルに聞く●鈴木直道さん 159
世の中は問題だらけ？（159） 問題発見の肝（162） 問題を「自分ごと化」する仕組み（165） 問題解決を持続する秘訣（167） 人を巻き込む（170） 人に任せる（174） 大学時代に最高・最低の経験を（176）
3 インタビューからの学び 176
問題発見の技術（176） 問題解決の技術（179）
4 ビジネスシーンへの発展 182
正解探しから問題探しへ（182） 企業が求めるのは自律型人材（184） ビジョン（ゴールイメージ）を持つ（187） 周りを巻き込み、任せる（189） 小さな成功体験を積み重ねる（191）
おわりに 195
「伝える」「伝わる」とは（195） 心の距離を縮める工夫（198） 人を巻き込む（200）

第1章

自分を知ってもらう技術

僕は初対面の人に会うと緊張しちゃうので，自己紹介は苦手です。前川さんは自己紹介が上手ですよね。

いろいろな人と会うことは好きなのですが，じつは私も初対面の人には緊張するんです。自己紹介が上手とかじゃなくて，仕事をするうえで自己紹介は必要不可欠ですから，慣れてはきましたが。

僕がはじめて前川さんに会いにいったとき，前川さんがニコニコしていて，話をしやすかったのを覚えています。

そうですか（笑）。仕事柄，笑顔が苦手な管理職や経営者に，部下と接する際は口角を上げましょうと指導していることもあり，自分でも意識しているんです。

でも，お会いしてから10年くらいになりますが，こうしてお付き合いが続いているのも，ファーストインプレッションが決め手だったのかもしれませんよね。

自己紹介のプロフェッショナル

小林 靖弘

Yasuhiro Kobayashi

株式会社コバ代表取締役社長

1992年より株式会社リクルートにて，人材総合サービス事業部営業担当，フランチャイズオーナー募集企画を経て，起業ならびにベンチャー企業支援の『アントレ』誌を立ち上げる。その後，ベンチャー企業の株式会社エムティーアイにて，上級執行役員としてモバイルコンテンツ事業を立ち上げ，JASDAQ上場を達成させる。その後，2002年にアクセルマーク株式会社を創業し，代表取締役として東証マザーズ上場を成功させ，2回めの上場体験をする。その経験を活かし，現在は友人経営者の顧問を数社担当しながら，経営相談，上場支援，営業マネジメント，新規事業企画，人材マネジメントを中心に顧問活動を行う。顧問先は，上場準備中の企業も含め，スマホアプリ開発会社，ECシステム提供会社，人材斡旋・派遣会社，コンテンツ開発会社など，業種も多岐にわたる。一方で個人投資家として出資活動も行っている。

Keywords 自己紹介の役割　キャッチコピー　緊張の緩和　conversationからcommunicationへ
過去、現在、それと未来に対する思いの3点セット

1 大学生の典型的な自己紹介

高校までみなさんが自己紹介する機会はどの程度あったでしょうか。あったとしても年に一度あるかないかではなかったでしょうか。たとえば、中学や高校に入学したあとやクラス替えのときには自己紹介することもあったでしょうが、それ以外に自己紹介する機会はほとんどなかったのではないかと思います。

ところが大学に入ると、自己紹介の機会が増えたのではないでしょうか。大学入学直後には、クラスメートに自己紹介したでしょうし、サークルに入れば先輩たちに自己紹介したでしょう。その後も、ゼミに入るとき、サークルに新入生を迎え入れるとき、コンパのとき、インターンシップや就職活動のとき、ほかにもさまざまな場面で、みなさんは自己紹介しているはずです。

さて、自己紹介の機会が増えているみなさんですが、どのように自己紹介をしていますか。これまで私が見てきた自己紹介で最も多いパターンは、名前、出身地、生年月日、出身高校、

血液型、好きなスポーツ、自分の趣味を、一通り羅列するというものです。たとえば、

「私は××といいます。出身はA県B市で、X年Y月Z日に生まれました。血液型はO型です。高校はC高校で、部活は○○に所属していました。趣味は△△です。よろしくお願いします」

もしもみなさんの自己紹介もこの程度の内容ならば、みなさんは自己紹介のやり方を考え直さなければなりません。自己紹介を聞いている人には、この内容から自己紹介をしている人がどんな人物なのかを、まったく想像できないからです。

では、そもそも自己紹介はなぜ必要なのでしょうか。

普通、自己紹介は自分も相手もはじめて会うような場面で行われます。お互いに相手のことを知らないので緊張していて、でも相手がどんな人なのかを、たとえば話して楽しい人なのか、信頼できる人なのか、友達にしてもいい人なのか、などということについて、互いに探り合っているような状況です。そうした状況で行われる自己紹介だということを考えると、どのような内容を話せば自分のことを相手に知ってもらえるかが見えてくるのではないかと思います。

では、具体的にはどうしたらよいでしょうか。自己紹介のプロフェッショナル（?!）の小林

靖弘さんに、その極意を聞いてみることにしましょう。

2 プロフェッショナルに聞く 小林靖弘さん

自己紹介のプロ？

阿部　今日は「上手な自己紹介」ということでお話を聞かせていただければと思います。自己紹介のプロを名乗られる方はいないと思うんですけど、小林さんは、サラリーマン時代は日に何度も自己紹介をされましたよね？　そこでつかんだ技があるのではないかと思うのですが、どうですか？　小林さんには、以前大学へ講演に来ていただいたのですが、その際にも上手な自己紹介されていました。

小林　あ、「起立」の話ですか？　200人くらいの学生さんを前に演台に上がっていきなり「起立!!」っていったんですよ、ギャグで。そうしたら、学生さんたちみんな立とうとした（笑）。これが社会人のつかみです（笑）。

阿部　それでは、まずお手本としてここで自己紹介をお願いできますか。

小林　はい、わかりました。メモしてきたんですよ、いろいろ。

阿部　事前にメモするっていうのはやっぱり大事ですか？

小林　大事です。メモといっても、文章ではなくキーワードですけどね。では、自己紹介を始めます。

小林靖弘といいます。よろしくお願いします。

年齢は46歳、福山雅治と同じ歳なんですよ。あんまり関係ないですけど。

岐阜県出身でして、大学は関西大学、最初に入った会社が株式会社リクルートという会社で、編者の前川さんと一緒です。前川さんが先輩にあたるんですよね。

今は株式会社コバという会社の代表取締役をやっていて、企業顧問を14社ほどやっています。その前リクルートを辞めたあと、2回上場経験をさせていただきました。1回めはモバイルのインターネット会社でエムティーアイという会社です。ここは最終的にはmusic.jpというサービスで有名になりましたけど、その立ち上げにかかわりました。執行役員として携わったんですけど、そこでは上場経験を1回して、上場のノウハウを実体験しました。

リクルートで携わっていた『アントレ』という雑誌で上場のノウハウは知っていたんですけど、実体験はエムティーアイでできた。その後アクセルマーク[*1]という自分の会社を上場することもできました。こうして2回上場したというと華やかに見えるんですけど、ウラにはものすごい失敗と挫折の蓄積があって……。

と、こういう話をすると企業経営者の方が喜んでくださったんです。要は、企業経営をやっ

＊1　インターネット広告、モバイルゲームを主要事業としている。

ているとどうしても「地雷」みたいなものがあって、しかもそれを踏まざるをえないんですね。どう踏んでいったらいいのかと、先輩経営者も若い経営者も僕に聞いてくるので、じゃあ月額で安く顧問をしますということで、今こういうビジネスが成り立っているというわけです。決して2回上場したから、経歴があるからということではなくて、失敗と挫折をちょっと体系化してみなさんにお話ししているというのが、今の自分の仕事になっています。

そんなことで、一言でいうと「上場目指したいなら小林」とか「会社を変えたい、決算をきれいにしたい、きちんとしたいというときには小林」というように名前があがるようになってきています。

それから今、HISの澤田会長[*2]がやられているアジア経営者連合会というところでビジネスマッチングというイベントが2カ月に1回あるんですけど、その司会もやっています。なるべく若い経営者をいじりながらビジネスマッチングしていただくというイベントで、だいたい経営者300人ぐらいと知り合ったので、そういうところもきっかけにしながら顧問ビジネスをやっているという形です。

以上です。

阿部・前川　ありがとうございます。

*2　澤田秀雄、株式会社エイチ・アイ・エス創業者、代表取締役会長兼社長（CEO）。

自己紹介の役割とは

阿部　今、自己紹介をしていただいたのですが、次に自己紹介の役割というものをどうお考えになっているか、少しお話しいただけますか？

小林　自己紹介は、簡単にいうと、自分の概要をシンプルにしゃべることだと思います。先ほどいいましたけど、「○○な自分」とか、「○○をやっている自分」というようなキャッチコピーが思い浮かぶようなものが、僕は一番いい自己紹介ではないかと思います。

自己紹介で、自分のいいところをしゃべる人がいますが、自己PRをしすぎると自慢に聞こえて、意外と鼻についたり傲慢に思われたりします。僕は「PR」と「紹介」は全然違うと思います。

アメリカだったらPRでよいかもしれませんが、私たちは日本人なのでどちらかというと自分の概要をシンプルに「○○している私です」というように何かキャッチコピーがあるといいと思うんですよね。たとえば、たんに「管理栄養士です」ではなくて、「肥満に強い管理栄養士なんです」というキャッチコピーがあるとわかりやすい。そういうシンプルな概要をしゃべることが自己紹介だと思いますね。

それから、自己紹介にはもう一つ役割がある。僕がよく心がけているのは初対面というのはお互いに緊張しますので、互いの緊張を緩和するということをやらなくちゃいけません。僕は緊張の緩和にはお笑いがすごく効果的だと思っています。たとえば学校の先生が怒っているときに、誰かが教室の椅子をブッて引いた音がオナラに聞こえたら、先生は怒っているんだけどすごくおかしくて笑ってしまいますよね。

これはお笑いの極意だと僕は思っています、お笑い評論家ではないですけど。だから緊張を緩和するっていうときに、やっぱり「つかみ」として、笑いなり共感なりを引き出したほうがいいんじゃないのかなと。緊張が緩和して笑いが生まれてくると親近感が生まれて、親近感が出てくると次は対話ができる、というふうになっていくと思います。

そうして対話を繰り返していくと、たぶん人間関係という関係性ができて、conversationがcommunicationへと変わっていくと思うんです。だからこそ、やっぱり初対面の緊張状態を緩和して親近感をもたらしてあげるっていうぐらいのことは、自己紹介でやったほうがいいのかなと。

なので、シンプルな概要をしゃべることと、互いの緊張を緩和することが、自己紹介の大きな2つの役割と考えています。

自己紹介と自己PRの違い

前川　学生からすると、自己PRと自己紹介の違いをもう少し詳しく知りたくなると思うんですけど、どうですかね？

小林　学生の自己ＰＲって、自分のいいところをガンガンしゃべりますよね。それも、抽象的な言葉で。ガッツがある、気合いがある、こういうことをやっていてこうだった、あれやこれを学んだ、とか。でも、自己紹介は自分の今までの実績だけでいいと思うんですよ。

前川　自分の実績とは？

小林　たとえばバスケットボール部に入っていて、こういう試合をやってきました、あるいは、所属していました、ということで十分。そこで何々を学びましたみたいな自己ＰＲまで話す必要はないと思っています。

阿部　つまり客観的な事実ということですか？

小林　僕はそのほうがビジネスにおいてもスムーズだと思います。

でも、それだけでは緊張の緩和ができないので、そこに何かを加えるしかないですね。何か嫌味にならない一言を。

僕がアクセルマークという会社にいたころ、すごい大学生だなと思った人が一人だけいました。彼は「自分のことよくわからないです、正直自己分析してもよくわからなかった。けれども、周りのバイトの友達からはこんなふうにいわれます」という言い方で自己紹介したんですね。「仲のいいバイト友達からは段取りが上手いといわれている。本当に段取りがいいかはわからないんですけど、それを僕は引き続き強みにしていきたいなと思っています」。こういう言い方で自己紹介をされると、自分の主観だけでなく客観性が出ますよね。こういう自己紹介はすごくいいなと思っています。

よい自己紹介

阿部　学生の自己紹介を見ていると、客観的事実の羅列で終わっちゃう人もいます。「1年生です、経済学部の経済学科です、2組です」。それで何がわかるのって思ってしまうんですよね。だから、そこに何かを付け加える必要があるということですね。

小林　今のは客観的事実ではなくて属性をしゃべっているだけですよね。だから、自分が相手に植え付けたいキャッチコピーが必要だと思います。僕であれば、「企業顧問を14社やっている小林」とか。

普段、遊びに行くときに、バーベキューをやるんだったらバーベキューセットを持っているあいつに声をかけてみようとか、ゴルフであそこのコースだったらあいつと回ろうとか、そういうのってありますよね。そうやって人物像が記憶に残ると、次に会ったときの人間関係の復活はしやすいですよね。久しぶりですね、といって会えますので。キャッチコピーを想像できる自己紹介が一番いいのかなと。

もう一つ大事なことは、人柄を表すのは、その人の属性ではないんですよね。過去と現在と未来、それを点と点を結んで線にするみたいに次々と話したほうが、その人の人柄がわかると思います。僕の例でいえば、かつてリクルートにいて、インターネットの会社をやって、今はこういうことをやっていて、今後はこんなことをやろうと思っています、この程度のフレーズで15秒とか20秒で済みますが、過去、現在、それと未来に対する思いを、3点セットで話すとその人の人柄ってわかると思いますね。

以前はこんなことをやっていまして、でも今はこういうことをやっていてすごく幸せです、次はこんなことをやろうとしています、といった3点セットを話すと、「そうなんですね」となって、その人が立体的に見えてくるので、それは話したほうがいいと思います。こういう自己紹介って意外と少ないと思います。現在から未来のことを話すことがだいたいキャッチコピーになると思うんですよ。

阿部　なるほど、いい自己紹介にするには、過去、現在、未来を線で結んで自分のことをキャッチコピーで表現するというのが大事なんですね。

小林　ただ、それでも「自分」だけで終わってはいけないと思うんですよ。自己紹介が詳しすぎると、相手は質問しにくくなっちゃいます。

相手が質問できる余地を残しておいたほうがいいですね。「え、企業顧問を14社もやっているんですか。たとえばどんな会社のをやっていますか」と相手と会話ができるように、僕は余地を残しているんです。

その意味で、自己紹介は短ければ短いほどいいと思います。先ほどは僕はちょっと長く話しましたけど、それはインタビューだからです。喫茶店だったらこんなに長くしゃべりませんから。なるべく短いほうがいいですね。

阿部　長ったらしく話す人って嫌ですよね。

小林　でも、学生さんのはたいがい極端に短いです。おじさんになってくるとすごい長くなってくる。その間ぐらいがいいですね。

僕のさっきのは少し早口で1分ちょっとだと思います。人の話を聞こうと思ったとき、最初が一番集中力が高いので、1〜2分で終わったほうがいいですね。

場面によって自己紹介を変える

前川　用途とかシーンによっても、自己紹介のやり方は違いますか？

小林　違いますね。僕は昔、飛び込み営業をやっていましてね。飛び込み営業って基本的に嫌がられるんですよ。それでも「1分だけお時間いいですか」とかいって話を聞いてもらうわけです。だから、ちょっとギャグでもやらないと。たとえば、事務所の床がフワフワの絨毯だったらわざと靴を脱いで入るとか（笑）。

反対に、講演のように、聞いてくださるみなさんがウェルカムな状況のときはきちっと話したほうがいい。かいつまんでやってしまうと却ってよくないと思います。というのも、出身地から大学とか、自分の趣味とか、こんなことやっているとか全部詳細に属性がわかってくると、どこか共通事項が出てくるんですね。共通事項が見つかると、親近感が湧く。長い話を聞いてもらうためには、親近感を持ってもらうというのがすごく重要になってくると思うのです。

前川　親近感を持ってもらうとか、笑いとかつかみとかって、相手のことをわかっていないと難しくありませんか？

小林　初対面では相手のことはわからないですからね。でも、とにかくやっちゃう、というのがいいんじゃないですかね。思い切って。ただ、年配の方が相手のときは本当に難しい。わざとふざけたのに、「なんでジーンズで来たんだ」とかいわれちゃったらいけないし。だから年齢が同じぐらいか少し下ぐらいだとすごく楽です。でも逆にいうと、考えるのって、それぐらいかな。

前川　相手によって自己紹介の内容をあまり変えたりしなくてもいいですか？

小林　いえいえ、絶対に変えたほうがいいですね。世代によって内容を変えないといけない

し、大学生と社会人とでは違います。極端なことをいえば、当たり前ですけど保育園で子どもたちを相手にするときは全然違いますよね。子ども相手だったら、ジェスチャーを加えたり、テンションを上げたり、口調を変えたりしないといけない。

阿部　たとえばフォーマルな場所に行ったときはどうですか？

小林　おめでたい席でしたらマイクをぶつけてもいいですし、ギャグをいってもいい。そうではないところではきちっと挨拶して帰るのがいいですよね。

前川　具体的に学生の立場からすると、身近な先輩にOB訪問する場合なんかに、どこまでかしこまればいいのかといったような、フォーマルとインフォーマルの間みたいなシチュエーションがあると思うんです。どこまでくだけたらいいんだろうって。

小林　でも、大学生がいきなりきちっとしているのも変な話ですよね。大学生らしさ、まあ僕は「らしさ」という言葉はあまり好きではないですけど、仕事のことがわからないのだから、わからない、というオーラを全面に出したほうがいいです。学生なんだから、背伸びして社会人と同じフィールドに立つよりも、素直にバイトしたり遊んでます、というほうがいいと思います。

前川　ちょっとくだけた感じのほうがいいということですか？

小林　そうですね。ただ、そうなんですけど、どのような場面でもすべてに共通しているのは、初対面のときの自己紹介では、緊張があるなかでそれを緩和させるための接点を探すことが大事ということだと思います。年配の非常に硬い感じの方が相手であれば、きっちりしたなかでもどうにか接点を探して、緊張を緩和していく。そうすると質問が出てきて、対話ができて、会話ができて、関係をつくっていくことにつながります。だから相手が誰であっても最初は、緊張を緩和する点がどこにあるのかということしかないんです。それをすごく意識しています。

たとえば、阿部先生から大学での講演を頼まれたときの、「起立！ ウソウソ」というのも、大学生が眠たくならないような話を最初にしただけなんです。「寝ちゃダメだぞ」というメッセージ。「僕も頑張るから面白く聞いて」というためのサインなんですよ。これが学生と僕の接点。社会人のおじさんがこんなにくだけて話してくれるんだ、というのが緊張を緩和する接点になると思って、ああいうことをしたわけなんですよね。だから場面によって自己紹介をすごく変えていいと思います。

阿部　自己紹介する相手が誰なのか、どういうシチュエーションなのかは考えなくてはいけないでしょうけどね。

小林　最近、非常に面白い傾向があるなと思っています。それは年長者の方のなかでも非常に人間力があって一流の方は、多少無礼講をしても絶対に怒らないということです。むしろそれを長所として捉えてくれる方が多いと思っています。

若者はまだ人間ができていないのが当たり前だから、多少変なことをしても「まあいいや」と受け流してくれる方ほど、すごい経営者である場合が多いです。そういうことを考えると、恐れずに等身大の自分を見せていくほうがいいのではないかと思ったりします。

よくない自己紹介

阿部　最後に、よくない自己紹介についてお聞きします。先ほど「自己紹介は自己ＰＲではない」という話をされていました。

小林　繰り返しになってしまいますけど、自己ＰＲも度が過ぎると自慢話に聞こえてしまいます。自慢とか傲慢と見られたらマイナスになってしまうのかなと思います。あと、よくないのは、話が長いということですね。自慢話が長いと相手がうんざりしてしまいますので。傲慢で退屈というのが一番ダメだと思います。

阿部　話してはいけないことはありますか？

小林　一番やってはいけないのは批判や批評だと思います。中途採用するときに、以前の勤務先や倒産した会社を、今のネット用語でいうところのディスる人がいます。これは本当によくないですね。前の会社のオーナーのことをいろいろと批判する人がいますけど、僕だって会社のオーナーなので、僕に嫌味をいっているのかと思うことがあります。

　つまり、批判とか批評めいたことを話すのは第一印象が悪くなると思います。自分の短所を話してその裏返しが長所にもなるというのであれば好感を持てますが、第三者の悪いところを話すのはよくないです。

　あと自己紹介をするときに単語だけで話してしまうとつまらない。たとえば「趣味はバックパッカーです」とか「趣味はボートです」といったように、キーワードというか単語だけで答えてしまうと、本当に薄っぺらく、つまらないものになってしまいます。その代わりに「数カ月前からこういうことに関心を持っていて、こういうことを目指しているんです」というふうに話せば、聞いているほうも「ああなるほど」となる。ＬＩＮＥのようにキーワードだけで終わってしまうと困りますね。「最近の趣味は猫です」というのではなく「猫のこういうところが好きです」といわれたほうが好感を持てますし、もっといえば「自分は犬派と猫派のどちらかわからなかったんですけど、ついこの前、猫派とわかりました」と笑いながらいわれたりすると、「なんて変なことをいうんだろう」と逆に印象に残りますよね。

前川　やはり人柄がにじみ出るような自己紹介がいいということですね。

小林　そうですね。「YouTubeを夜中まで見過ぎて寝不足ですみません」とかいってみても面白いじゃないですか。単語だけではなく、その前後にある文章や言い回しで人柄を言い表したほうがいいと思いますね。

こういうふうに笑いとかつかみとかを考えていると、お笑い芸人さんってやっぱり優秀なんだなあと思います。紹介の仕方とかビジネスでも勉強になるんじゃないですかね。

やっぱり準備が大事

前川　僕の知り合いの落語家さんもすごく上手いです。10秒でパッと空気をつかみますよね。その時々の聴衆をちゃんと調べておいて、それに合わせて話をしていますよね。彼がいうには、「落語の本編よりマクラ[*3]のほうが準備に時間がかかる」そうです。本編は覚えていますけど、マクラをどうするのか時間をかけて準備するそうです。今回の客層はどうなっているか、NGな話題は何か、最近でいうと宗教上の話はやめたほうがいいかなとか、考えながらやるようです。

小林　最初の出だしは僕もすごく緊張しますね。

阿部　僕は普段、自己紹介するときは準備をしないのですが、最初に話すことは何かとか、準備は非常に大事だということがわかりました。

小林　絶対に準備をしたほうがいいと思いますよ。

僕は、運がいい人やチャンスをつかむ人って準備をしている人だと思ってます。ちゃんと準

*3　冒頭で本編の前置きとして話す部分。「頭につく」ので「マクラ（枕）」と呼ばれる。

備して待っている人って運がいいですから。

準備してないと、自己紹介は名前・属性をいって終わってしまいます。ビジネスは準備がすべてですから。スタートラインに立った時点、つまりやる前からすべて決まっていると思います。やってみないとわからないというより、準備をしておかないとそれ相応の成果は出てこないと思います。想像するとかシミュレーションするとか仮説を立てるとか、要は全部準備なんですよね。

3 インタビューからの学び

お互いの緊張を緩和することが大事

小林さんのお話、参考になりましたか。

これまでみなさんが行っていた自己紹介と、小林さんの自己紹介がどう違っているか、比べてみてください。もしかしたら、「××大学△△学部の○○です。□□出身です。……」というように、自分の属性を並べていただけではなかったでしょうか。あるいは、「～～が得意で、学校では生徒会の役員をしていました。……」というように、自己PRをしていなかったでしょうか。

小林さんによると、自己紹介には互いの緊張を緩和することが大事だということでした。緊張の緩和が必要な理由は、簡単にいえば、初対面の人に自分を受け入れてもらうためです。これには、私たち人間の進化と関係があるようです。

大昔の人間は群れで生活していました。群れで生活することで外敵から自分たちの身を守ることができた反面、食料の分配や配偶者の確保をめぐって群れのなかでは争いも起きます。ある場合には他人と協力して自身の利益を高めようとすることもありますが、他者と競争しなければならない場面もあります。ときには他人を騙して、利益を自分だけのものにしようとすることもあります。こうした状況のもとでは、初対面の相手が味方なのか敵なのかは非常に大事です。現代においても、友人として信頼できる相手なのか、あるいは仕事や商売をするうえで安心して付き合える相手なのかというように、私たちは初対面の人をつねに意識します。そうした自己防衛的な意識が緊張を強いることになるようです。

また、初対面の際に私たちは、相手がどう思っているだろうと、互いに考えていますよね。そのとき、私たちは自身の過去の経験などを参照して推測しています。たとえば、「この人は静かそうだから、自分の性格には合わないな」とか、「ちょっとうるさい人だから、何をいわれるかわからないな」とか、考えます。これと同じことを相手も考えているわけで、そのために相手がどう思っているだろうと緊張するわけです。ところが、「この人は一見すると静かそうだけど、じつは面白い話ができる人だ」など、別の一面がわかってくると「友達になれるかも」と考えが変わってくるわけです。

自身についてのシンプルな概要を話す

小林さんは、緊張を解くのには「お笑い」がいいといっていました。笑いは、私たちの自律神経を頻繁に切り替え、安心や安らぎを感じるときに優位となる副交感神経を優位な状態にし、私たちのストレスを解消する、といわれています。おかしなことをタイミングよくいうことができれば、鬼に金棒です。しかし、人を笑わせるのが得意じゃない人もいるはずですし、強面の人が相手だと笑わせるのが簡単じゃないこともあるでしょう。お笑いのタイミングを外すと、白けてしまいます。ですから、お笑いは高等戦術だと思っておいたほうがいいかもしれません。

お笑いに頼らずに、互いの緊張緩和を図るには、自分自身についてのシンプルな概要を話すことが大事だと思います。小林さんの話にもあったように、属性を並べただけでは相手にとっては情報不足のため、「この人はどういう人なのだろうか⁇」という状態のままで終わってしまいます。また、自己PRになると情報過多となってしまい、「自信過剰だな」とマイナスのイメージを与えてしまうかもしれません。

自身についてのシンプルな概要を話すうえで大事なことは、自分を一言で理解してもらえるようなキャッチコピーを用意しておくことです。キャッチコピーがあることで、相手に思い出してもらえるからです。

また、場面によっては話の内容を変えることも大事です。日常の場での自己紹介と格式のあるフォーマルな場所での自己紹介とでは違う内容にしたほうがいいですし、フォーマルでも結婚式のようなおめでたい場とお葬式のような場では内容を考えたほうがいいですよね。

このように、自己紹介にはさまざまな工夫が必要で、それにはそれなりの理由があるということが理解できたと思います。自己紹介を工夫するために、小林さんは何より事前の準備が大切だともいっていましたね。1〜2分程度の自己紹介だからとあなどらずに、自分のことを相手に知ってもらえるよう、これからは工夫を凝らした自己紹介を考えてみてください。

4 ビジネスシーンへの発展

何をいうかの前に、誰がいうか

社会人になると、大学生時代よりも、さらに自己紹介の機会は増えていきます。配属された先輩や上司に、関係する社内他部署に、取引先企業・個人に、営業職であれば顧客企業・個人に、などなど、さまざまなシーンで自分を知ってもらう必然が生まれてきます。学生時代と大きく異なるのは、相性がよく好きになれる人や仲よくなれる人を探すために自分を知ってもらうのではないということです。社会人になると、好き嫌いや自分との相性のよしあしはさておき、自分を知ってもらい人間関係をつくらなくてはならない場面が増えてきます。それは、仕事は一人で完結してできるものは少なく、さまざまな人たちとかかわりながら進めなければならないものばかりだからです。

自分がやるべきことをしっかりやっていれば、そこまで周囲に自分を知ってもらう努力をせずともよいのではないかと考える人もいるかもしれませんね。しかし、小林さんのインタビューでも、自分を知ってもらうために、相当な準備と工夫をしていることがよくわかりました。さまざまな企業で働き、社会人として経験を積むなかで、その重要性を実感されているからだと思います。さまざまな人たちとかかわって仕事をしていくうえでは、周囲の人たちに協力を仰ぐことが欠かせません。とくに経験の浅い若手のうちは、教え指導してもらう場面ばかりでしょう。

人は他者から同じことを依頼されても、気持ちよく動ける場合と、そうではない場合があります。その違いは、「何を」いうかより「誰が」いうかです。Aさんのいうことならポジティブに受け止められるのに、Bさんがいうとネガティブに受け止められるということがあるのです。みなさんも、できれば自分が周りに働きかけたときに、ポジティブに受け止めてもらいたいですよね。そこで、自己紹介が重要になるのです。

「らしさ」が伝わる自己紹介

小林さんも指摘していますが、そもそも人は知らない人と対峙すると、緊張し警戒します。そのため自己紹介をおろそかにすると相手の緊張や警戒が解けず、そのまま仕事の本題に入ってもスムーズに進まないことが多いものです。

自己紹介では、自分らしさが伝わることが重要です。それも客観的事実に基づいて、伝えられるとよいでしょう。社会人の場合、その「らしさ」についての情報のなかに、相手にとって好き嫌いのみならず、仕事上、役に立つか立たないかを判断できる内容が含まれることが欠かせません。相手が配属された先輩や上司ならば、あなたはこのチームのなかで役割を担えそうかどうか、相手が営業先の企業や個人ならば、あなたは自社課題の解決に役立ちそうかどうか判断してもらい、できるだけプラスの印象を抱いてもらう工夫をするのです。

自己紹介と自社紹介

社会人になり、職場に慣れてくると、社内で自己紹介する主な機会は、定期的な異動や組織変更のタイミングのみになります。一方で、社外で自己紹介する際には、学生時代と異なり、自己紹介と自社紹介の2つを併せて自分を知ってもらうことになります。自社紹介をすると、「ああ、X社さんね」と、会社のことを相手が知っていて好印象を抱いてくれていれば、あなた自身は知られていなくても、警戒心を解いてもらえる場合があります。反対に、相手がX社に好印象を持っていなければ、門前払いになることもあります。どちらにせよ、社外の人と接する場合は、会社を代表しているという認識が重要になります。

会社と会社の関係性で仕事が進むとはいえ、その最前線でやりとりするのはやはり人です。だからこそ、X社を代表しているあなたはどんな人なのか、今後信頼をおいてやりとりできそうかを、併せて知ってもらう必要があるのです。X社に好印象を持っていた相手が、あなたの自己紹介によって、印象を悪化させてしまうということもありえます。逆に、X社に悪印象を持っていた相手が、あなたの自己紹介をきっかけに印象をよいほうに転換することもあります。これは、人と人の関係性のうえに成り立つ仕事の醍醐味ともいえるでしょう。

相手の関心を高めてコミュニケーションへ

この前提を踏まえて、社会人としての社外の人への自己紹介を具体的に考えてみましょう。社会人にとって、時間は貴重な資産です。相手の時間を奪わないためにも、最初から話しすぎるのはよくありません。自己紹介する相手のことを事前に調べて、どこに関心があるか仮説を立て、その仮説に沿って自分が役に立てることを匂わせるところでいったん留め置くことです。

営業職などに就いて恒常的に社外の人と会う場合には、全部で1分程度で自分のことを知ってもらう工夫が必要です。「○○を営むX社の□□という部署で△△を担当しております。私は〜〜な……と申します。弊社の商品・サービスでは◇◇という実績などもあり、御社の課題解決ができると考えております」という具合です。ここで相手が関心を示し、質問などをしてくれれば、その質問に対して答えていくことで、コミュニケーションを深めていくのです。相手が会社や商品・サービスについて関心を寄せ質問してくれれば、会社や商品・サービスについて深くお伝えする。あなた自身について関心を寄せ質問してくれれば、あなた自身について深くお伝えする。こうして会社を代表するあなた自身を知ってもらうのです。

第2章

相手を知る技術

私たちも仕事柄，インタビューすることが多いですよね。私は労働経済学者で高名な小池和男先生から「聞き取りの作法」を習いましたが，前川さんはどうですか。

誰かに習ったという記憶はあまりないですね。雑誌などの編集長をしていたので取材や対談をする機会も多く，今も経営者などへのインタビューを続けています。失敗を繰り返しながら独自に学んできたという感じですね。また逆に新聞や雑誌からインタビューを受ける機会も多いので，それが「こう聞けばいいんだ」という学びにもなっています。

私も最初にインタビューしたときは失敗しました。そのときに同席していた，やはり労働経済学者で著名な尾高煌之助先生に「相手を誘導せずとも，自然と相手から話してもらうようにしないとダメだよ」とお叱りを受けたことを覚えています。今も上手かどうかわかりませんが，以前よりはマシになっているかもしれません。

私の経験則では，相手に関心を持つことが第一ではないでしょうか。そのうえでインタビューの勘所を知っておいたほうがいいですよね。

インタビューのプロフェッショナル

山根 一眞

KAZUMA YAMANE

ノンフィクション作家，獨協大学経済学部特任教授・環境共生研究所研究員

環境問題を中心に世界各地で取材を続け，1997 年 4 月，低炭素化社会を目指す新産業の創造を「環業革命」と命名。その進展によって活力ある経済振興をと訴える布教ともいえる講演活動を，日本，ロシア，ブラジルなどでも続けてきた。人生観や環境意識の原点は南米アマゾン。1972 年の初訪問以来，現地取材は約 20 回に及ぶ。『週刊ポスト』の連載「メタルカラーの時代」では，日本の「モノづくり」に携わる人々の仕事と人生をいきいきと描き続け「モノづくり」への関心を高めることに貢献，「東京クリエーション大賞」で個人初の「大賞」を受賞（1998 年）。先端科学技術を一般にわかりやすく伝えることが使命で，小惑星探査機「はやぶさ」の 7 年間にわたる取材成果をまとめた『小惑星探査機はやぶさの大冒険』（マガジンハウス）は大反響を呼び，2010 年の科学書ベストセラー第 1 位となり東映で映画化された（渡辺謙主演）。ほかにも，『小惑星探査機「はやぶさ 2」の大挑戦』『理化学研究所』（以上，講談社ブルーバックス），『スーパー望遠鏡「アルマ」の創造者たち』（日経 BP コンサルティング）などの著書がある。1990 年から NHK 総合テレビ外部キャスターを 7 年間務め，愛知万博などのプロデューサーも務めた。講演，シンポジウムやフォーラムのコーディネーターもおよそ 1000 回を経験。理化学研究所相談役，JAXA 客員，日本生態系協会理事，日本文藝家協会会員。

Keywords　インタビューの道具　インタビュー・カルテ　人生年表　記憶に眠っている思い出をいかに引き出すか　三段階法　インタビューはギブ&テイク

1 大学生の会話力

大学生になると人と会って話す機会が確実に多くなります。たとえばゼミやサークルの友達だけでなく大教室の授業で初対面の人と会話することもあるでしょう。みなさんにも経験があると思います。

ところで会話とは何でしょうか。辞書を引いてみると、「意志の疎通を図ったり用を足したりするための話のやりとり」とあります。[*1] 話のやりとりですから、自分から一方的に話すことで終わってしまうのは会話とはいわないのです。相手の話を聞いて、相手のことをちゃんと理解することも会話なのです。

ところが多くの学生は、上手に会話していると思っているようですが、案外と相手の話を聞いていないことが少なくないようです。話は聞いていても漫然とであって、話の内容をきちんと理解するところまではいっていない場合が多いようなのです。

*1 『新明解国語辞典』による。

相手の話をきちんと理解していない人が多いことを示す一番よい例が伝言ゲームです。伝言ゲームでは最後の人に届くまでに伝言内容は変化していき、最初の人の話の内容と似ても似つかないものになっていることがよくあります。以前、ラジオの投稿だったと思いますが、大学の研究室でアルバイトをしていた人が受けた電話でのやりとりが紹介されていました。

学部長「もしもし、○○先生ですか？」

アルバイト「はい、○○先生の研究室ですが、○○先生は外出中です。ご用件は私が先生にお伝えします」

学部長「それでは、学部長（がくぶちょう）だけど、今日の4時に学部長室に来てもらいたいと○○先生に伝えてください」

アルバイト「わかりました。先生には伝えておきます」

このあと、○○先生が戻ってきて、アルバイトは次のように伝言を伝えたそうです。

アルバイト「先生、額縁屋（がくぶちや）から電話があって、今日の4時に来てもらいたいそうです。それにしても、額縁屋が先生にどんな用事があるんでしょうね？」

〇〇先生「額縁屋?!　うーん」

ここで、この電話のやりとりのどこに問題があったかを考えてみましょう。もしかすると「額縁屋」と聞き間違えられるような発音をした学部長に問題があったのかもしれません。しかし、もしもアルバイトが「額縁屋」から不思議な電話がかかってきたなと思ったなら、本当に話し相手が「額縁屋」なのかどうかを確認しておくことはできなかったでしょうか。たとえば「どちらの額縁屋さんですか」とか「もう一度お名前をいただけますか」と、本当に「額縁屋」からの電話なのかを確認する質問をすればよかったのです。それができなかったアルバイトにも問題があったと思うのです。

では、こうした聞き間違いが生じることのないようにするにはどうしたらよいでしょうか。本章では、会話のなかでも非日常的でフォーマルな場面で行われるインタビューから、学んでみたいと思います。

インタビューは、相手の考え方や内面、あるいはその人の人生を知るために行われます。そのため、インタビューを成功させるにはさまざまな技術と工夫が必要だと思われます。インタビューのプロでもある作家の山根一眞さんに、インタビューの技術について聞いてみました。

2 プロフェッショナルに聞く 山根一眞さん

インタビューの下準備

阿部　今日は、山根さんに相手を知る技術、インタビューのスキルを伺いたいと思います。私もインタビューをすることがありますが、インタビューの前、インタビュー中、インタビュー後にそれぞれ行うべき作業があると思うのです。順番に、山根さんはどういう作業をしているのですか？

山根　最初に、インタビューも、文章をどう書くかっていう話も、どちらも要は技術だと思うのです。インタビューの質問や文章が上手い下手とか、能力とか才能とかではないと。よく学生たちにいうのですが、野球をまったくやったことのない人でもルールを知っていて、グローブとバットを持っていて、ある程度の技術があれば、上手いか下手か、勝てるか勝てないかは別として、野球ができるようになる。だから、基本的な技術さえ理解すれば、誰でも楽しくて素晴らしいインタビューができるし、原稿やレポートも書けますよ、という話をしているんです。

なぜこんなことをいうようになったかを話しましょう。私は25歳から30歳まで、5年間にわたってある週刊誌で「人間探検」という連載の取材を250回担当したんです。週刊誌ですから時間も限られているし、会う人はみんな大物。その週に一番話題になった人をインタビューしていましたから。今週話題の人っていうのを必死になって捕まえて突撃インタビューするわけです。アポイントメントをとるのが本当に大変でした。

このときに、効率的なインタビューをするにはどうしたらいいだろうか、とよく考えましたね。非常に役に立った本があって、ガンサーという人が書いた本です。彼には「インサイド・○○（○○の内幕）」という有名なノンフィクションのシリーズがありますが、その彼の『ガンサーの内幕』[*2]という本は、彼自身がどうやって世界中のトップとインタビューしてきたかということを明かした技術論・方法論の本だったのですよ。この本が非常に参考になった。

阿部　ジョン・ガンサーですか？

山根　そう、ジョン・ガンサー[*3]。戦後の、1950〜60年代にかけての世界最高のジャーナリストです。彼の本のなかには素晴らしい話がたくさんある。天皇にもアラブの王様にも会ってインタビューしています。インタビューで彼は何を聞いたかというと、たとえば「どんな食べ物が好きですか」とか、「どんな宗教を信じていますか」とか、「家族とか愛するものは何ですか」とか、そういうたわいない質問が多いんです。

普通のインタビュアーが天皇に会ったなら、「戦争のときにどうしたか」とか、「天皇制をど

*2　ジョン・ガンサー『ガンサーの内幕』みすず書房、1963年。

*3　John Gunther, 1901-70。

う考えるか」とか、そういう話を聞こうとすると思うんだけど、彼はそうではなくって非常に身近な話を聞いていた。「いつもどんなものを召し上がっているんですか」「何がお好きですか」というような質問です。

ところが、「戦時中は皇居にいても食べるものが大変だったんじゃないですか」、みたいな話から、じつは生々しい天皇の実生活が垣間見えてくる。そういう話から、たとえば天皇の戦争中の姿が浮かび上がってくるだろうと、ジョン・ガンサーは思ったんでしょうね。

これほど偉大なジャーナリストであっても、聞くことはきわめて実生活に近いところから、誰でもがわかるような質問をしているんだ、ということが彼の本を読んでわかった。しかも、あらゆる人に同じ質問をしている。ガンサーの本にはこうした質問項目が20～30くらい載っています。これを知って、俺もこれでいこう！と決めたわけです。

阿部　ということは、山根さんもガンサーと同じ質問項目を使っていたのですか？

山根　いや、まったく同じものではないですよ。はじめて会ったまったく知らない人について、きわめて短時間で知るにはどうしたらいいだろうか、ということを自分なりに考えてつくっていました。そのとき、ふと思いついたのが、それをやっているのは医者だと。

医者というのは初診の患者さんに「何年生まれですか。ご家族は」「普段の血圧は」「どんな食べ物を食べていますか」というような問診をして、カルテをつくりますよね。カルテには決まったものごとを書く欄があって、そこを医者は問診して埋めていく。あるとき、あの問診というのは最も効率的なインタビューだと気がついた。実際、医者のカルテをもらったりなんかして、なるほどこうやっていくんだな、ということがわかったんです。そこで私もぜひ同じようにインタビューでやってやろうと。そこで、インタビュー・カルテっていうものをつくったんです。

だいたい１６０項目の質問項目をつくったんです。たとえば、政治家であれば、その人がなぜ今そういう政治的な考えを持ったかというと、いきなり彼自身がそれを思いつくのではなくて、子ども時代に家族や友人・知人などから学んできたこと、あるいは教育や周囲からの影響の結果であることが多いと思うんです。とくに育てられ方の影響は大きい。だいたい三代続いて同じことをやってきた人って、間違いないんですよ。それを私は「三代理論」と呼んでいるのですが、必ずインタビューではおじいさんの話から聞いています。

そのように、インタビュー・カルテには、その人がどういう育てられ方をしてきたかとか、あるいはその人が普段信じていることは何かとかですね、多種多様な質問項目が並んでいます。先ほどのガンサーも参考にして、独自のインタビュー・カルテをつくりました。

それから、その人がどういう生活をして、今どういうことをやっている人なのかは、その人の24時間の行動からわかります。だから、カルテには相手の24時間の行動を聞く項目もあります。たとえば「今日何時に起きましたか」「朝はどんなものを食べたんですか」「昨日は何をしていましたか」「寝るときは布団ですか、ベッドですか」というようなことから始まって、「この人とはどういう関係ですか」「その話はどんなことだったんですか」というふうに、相手がこの24時間にしたことや身の回りで起こったことを聞く。そのこと

休日の過しかた：

愛玩動物：
［好きな動物／エピソード］

飲食物：
［好きな食物／いきつけの店／おふくろの味／手作り料理］

理美容：
［化粧品／理美容店／ヘアースタイル］

衣服：
［スーツ／ネクタイ／好み／色／いきつけの店］

所持品：
［ハンドバッグ・鞄・ポケットの中味］

恋愛・結婚観：

ＳＥＸ観：　　避妊法：

子どもの教育法：

趣味／娯楽：
［する、見るスポーツ／キャンブル／クルマの運転］

ある１日の24時間：19　年　月　日

06	18
07	19
08	20
09	21
10	22
11	23
12	24
13	01
14	02
15	03
16	04
17	05
18	06

ストレス解消法：　　異性関係：［浮気］

購読新聞・雑誌：［どこから読むか／関心］

読書：
［最近読んだ本／好きな作家／作品／読書時間］

テレビ：　　映画：　　その他文化教養：

５年後：　　10年後：　　50年後：

●略歴●

0歳	18	36	54	72
1	19	37	55	73
2	20	38	56	74
3	21	39	57	75
4	22	40	58	76
5	23	41	59	77
6	24	42	60	78
7	25	43	61	79
8	26	44	62	80
9	27	45	63	81
10	28	46	64	82
11	29	47	65	83
12	30	48	66	84
13	31	49	67	85
14	32	50	68	86
15	33	51	69	87
16	34	52	70	88
17	35	53	71	89
18	36	54	72	90

インタビュー・カルテ　c·Kazuma Yamane 1985

から、この人ってこんな生活をしているのか、こんな価値観の持ち主なのかなどが、わかってくるわけです。

　そうやって、インタビュー・カルテを横目で見ながら聞く、ということを試してみたのです。のちに、小さい手帳に挟めるカルテをつくり、メモをとりながらチラチラとカルテを見て聞いていくということをしていました。

阿部　インタビュ

氏名　｜　インタビュー・カルテ　｜　No　　年　月　日

職業：　勤務先：　☎：　役職：

本名：　旧姓：　名前の由来：　ニックネーム：

生年月日：19　年・(明大昭平)　年　月　日　十　干：甲乙丙丁戊己庚辛壬癸　十二支：子丑寅卯辰巳午未申酉戌亥　姓名判断：

現住所：　☎：　環境：

本籍：　出生地：

住居形態：　敷地面積／建坪［評価額］：　家賃／月：

祖先／家系：　1♂♀　妻：

祖父：　祖母：　父：［職業：　］　2♂♀　職業：

3♂♀　子1♂♀

祖父：　祖母：　母：［職業：　］　4♂♀　子2♂♀

5♂♀　子3♂♀

顔の特徴：　6♂♀　子4♂♀

cm　［R：　］［L：　］　［肺：　cc］　［B：　cm］　［W：　cm］　［H：　cm］　［血液：A B O AB］　［靴：　cm］　［体重：　Kg］

健康状態：　便通：

体質持病：　既往症：

性生活：　常備薬：

かかりつけ医師：　健康法／入浴：

結婚：　年　月　日［見合／恋愛］［結婚式場：　］　初体験：　歳［相手　］

性格：
［理論的・経済的・審美的・社会的・政治権力的・宗教的／分裂型・躁鬱型／心的エネルギーの外向・内向／長所・欠点］

言葉癖：　外国語：［英独仏西中韓］　表現力：　方言：

信仰：［仏・神・基］　信ずるもの：［神・悪魔・幽霊・易・占・超能力］

影響を与えた人物：　憧れの人：　嫌いな人：

友人関係：　親友：

人脈：［所属組織］

仕事の主義：

人生観／信念：　好きな言葉：

経済生活：年収　円　小遣い：　円／月　使途：　納税額：　円

金銭感覚：　資産：　預金残高：　円
［100万円あったら・1億円あったら］

免許／資格：　特技：

生涯最も嬉しかったこと：　生涯最も悲しかったこと：

好きな土地・国：　その思い出：

▲インタビュー・カルテ

ー・カルテ以外に、大学生にも使えそうな「道具」はありますか？

山根　「人生年表」ですね。これは、明治元年から現在までの年表で、政治・国際、事件・文化、流行歌、社会・風俗、それぞれの主なできごとを自分で書いて作成したものです。なぜ今その人がこういうことをしているのか、なぜこういう考えを持つに至ったかは、その人が生まれ育った時代に相当に影響されているはずなので、生年が異なる人でも即時にその人だけの人生の年表になる仕掛けにしたのです。その仕掛けとは、年表と同じスケールでつくった「人生定規」です。この定規の「0歳＝誕生年」を年表の年に合わせると、瞬時にその人の人生の年表ができるわけです。

ところで阿部先生は何年生まれですか？

阿部　１９６６年です。

山根　誕生年を１９６６年に合わせると……、ああ、中国文化大革命の年に生まれたんですね。そのとき流行った歌は、「星影のワルツ」「バラが咲いた」で、郵便はがきが7円。小学校に入ったときにベトナム戦争の停戦があって、金大中事件、オイルショック、江崎ノーベル賞、巨人Ｖ9……と、こういうふうにわかるわけです。大学時代には新自由クラブ結党、戦後40年、日米経済摩擦、科学万博があり、いじめ、ＡＩＤＳ、スーパーマリオ……。こうして、その人の人生の年齢に対応した年表が瞬時にでき上がる。個人の年表になるわけです。

これを使うと、その人の記憶を呼び出すことができる。たとえば、「先生、大学生のときには東芝のココム違反があって、それから大韓航空機の爆破事件、利根川先生がノーベル賞を受賞、……」「株が暴落したブラックマンデーが起きたのは先生が大学3年のときですけれども、あのときどう思われましたか」。こういうふうな話から、インタビューのきっかけがつくれるんですよ。

インタビューでは、インタビューの相手が今までに語っていない、語ったことがないような、記憶に眠っている思い出をいかにして引き出すかがとても大事だと思うんです。そのための道具がこの人生年表なんです。

先ほどお話ししたように、グローブやバットがなければ野球ができない。それと同じようにインタビューにも道具がいる。それでつくったのが、

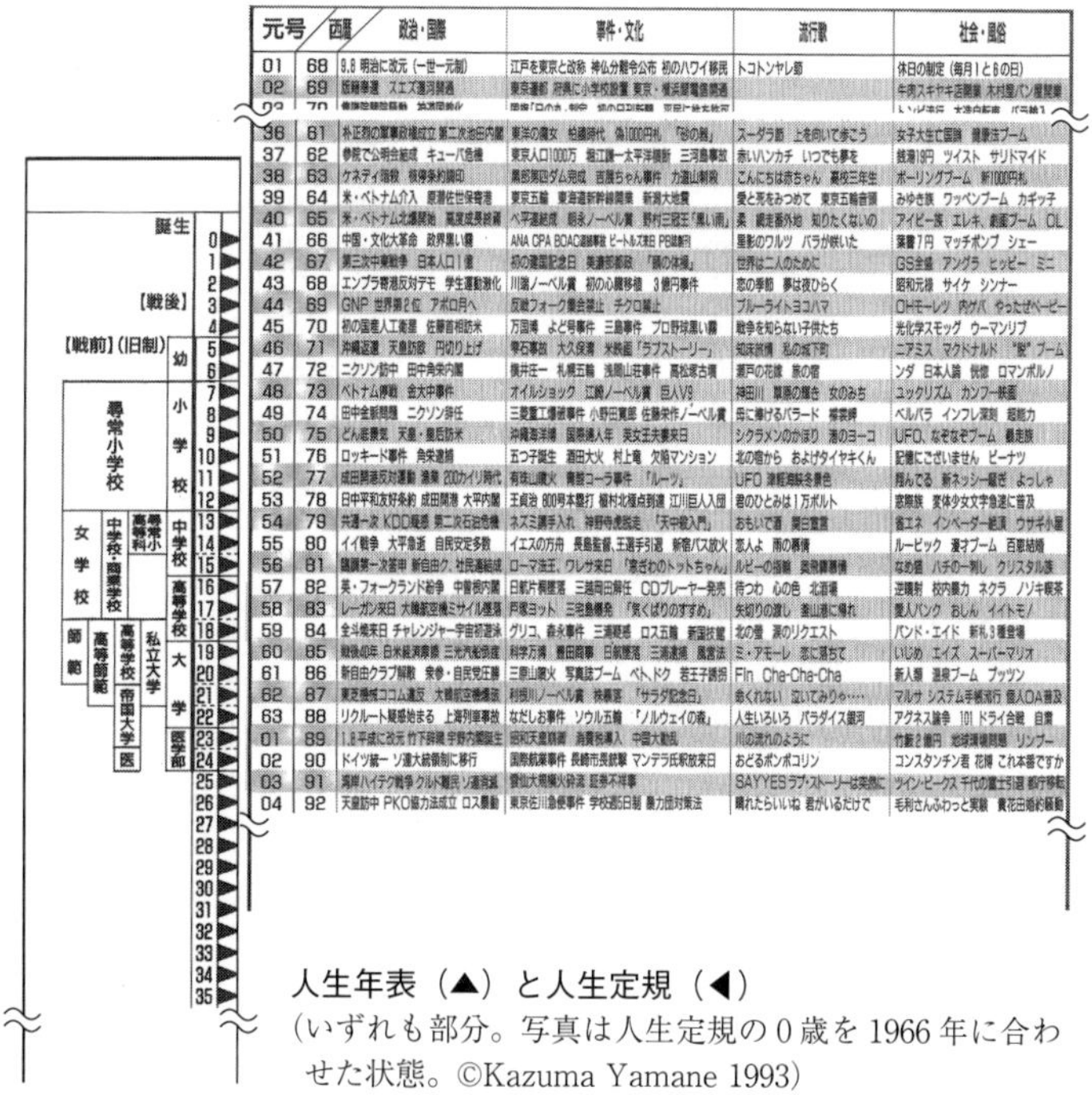

元号	西暦	政治・国際	事件・文化	流行歌	社会・風俗
01	68	9.8 明治に改元（一世一元制）	江戸を東京と改称 神仏分離令公布 初のハワイ移民	トコトンヤレ節	休日の制定（毎月1と6の日）
02	69	版籍奉還 スエズ運河開通	東京遷都 府県に小学校設置 東京・横浜間電信開通		牛肉スキヤキ店開業 木村屋パン屋開業
03	70	[illegible]	[illegible]		[illegible]
36	61	朴正煕の軍事政権成立 第二次池田内閣	東洋の魔女 柏鵬時代 偽1000円札 「砂の器」	スーダラ節 上を向いて歩こう	女子大生亡国論 健康法ブーム
37	62	参院で公明会結成 キューバ危機	東京人口1000万 堀江謙一太平洋横断 三河島事故	赤いハンカチ いつでも夢を	銭湯19円 ツイスト サリドマイド
38	63	ケネディ暗殺 核停条約調印	黒部第四ダム完成 吉展ちゃん事件 力道山刺殺	こんにちは赤ちゃん 高校三年生	ボーリングブーム 新1000円札
39	64	米・ベトナム介入 原潜佐世保寄港	東京五輪 東海道新幹線開業 新潟大地震	愛と死をみつめて 東京五輪音頭	みゆき族 ワッペンブーム カギッ子
40	65	米・ベトナム北爆開始 高度成長終幕	ベ平連結成 朝永ノーベル賞 野村三冠王「黒い雨」	柔 網走番外地 知りたくないの	アイビー族 エレキ、劇画ブーム OL
41	66	中国・文化大革命 政界黒い霧	ANA CPA BOAC連続事故 ビートルズ来日 PB誌創刊	星影のワルツ バラが咲いた	葉書7円 マッチポンプ シェー
42	67	第三次中東戦争 日本人口1億	初の建国記念日 美濃部都政 「頭の体操」	世界は二人のために	GS全盛 アングラ ヒッピー ミニ
43	68	エンプラ寄港反対デモ 学生運動激化	川端ノーベル賞 初の心臓移植 3億円事件	恋の季節 夢は夜ひらく	昭和元禄 サイケ シンナー
44	69	GNP 世界第2位 アポロ月へ	反戦フォーク集会禁止 チクロ禁止	ブルーライトヨコハマ	OHモーレツ 内ゲバ やったぜベービー
45	70	初の国産人工衛星 佐藤首相訪米	万国博 よど号事件 三島事件 プロ野球黒い霧	戦争を知らない子供たち	光化学スモッグ ウーマンリブ
46	71	沖縄返還 天皇訪欧 円切り上げ	雫石事故 大久保清 米映画「ラブストーリー」	知床旅情 私の城下町	ニアミス マクドナルド "脱"ブーム
47	72	ニクソン訪中 田中角栄内閣	横井庄一 札幌五輪 浅間山荘事件 高松塚古墳	瀬戸の花嫁 旅の宿	ンダ 日本人論 恍惚 ロマンポルノ
48	73	ベトナム停戦 金大中事件	オイルショック 江崎ノーベル賞 巨人V9	神田川 草原の輝き 女のみち	ユックリズム カンフー映画
49	74	田中金脈問題 ニクソン辞任	三菱重工爆破事件 小野田寛郎 佐藤栄作ノーベル賞	母に捧げるバラード 襟裳岬	ベルバラ インフレ深刻 超能力
50	75	どん底景気 天皇・皇后訪米	沖縄海洋博 国際婦人年 英女王夫妻来日	シクラメンのかほり 港のヨーコ	UFO、なぞなぞブーム 暴走族
51	76	ロッキード事件 角栄逮捕	五つ子誕生 酒田大火 村上竜 欠陥マンション	北の宿から およげタイヤキくん	記憶にございません ピーナツ
52	77	成田開港反対運動 漁業200カイリ時代	有珠山噴火 青酸コーラ事件 「ルーツ」	UFO 津軽海峡冬景色	翔んでる 新ネッシー騒ぎ よっしゃ
53	78	日中平和友好条約 成田開港 大平内閣	王貞治 800号本塁打 植村北極点到達 江川巨人入団	君のひとみは1万ボルト	窓際族 変体少女文字急速に普及
54	79	共通一次 KDD疑惑 第二次石油危機	ネズミ講手入れ 神野寺虎脱走 「天中殺入門」	おもいで酒 関白宣言	省エネ インベーダー絶頂 ウサギ小屋
55	80	イイ戦争 大平急逝 自民安定多数	イエスの方舟 長島監督、王選手引退 新宿バス放火	恋人よ 雨の慕情	ルービック 漫才ブーム 百恵結婚
56	81	臨調第一次答申 新自由ク、社民連結成	ローマ法王、ワレサ来日 「窓ぎわのトットちゃん」	ルビーの指輪 奥飛騨慕情	なめ猫 ハチの一刺し クリスタル族
57	82	英・フォークランド紛争 中曽根内閣	日航片桐墜落 三越岡田解任 CDプレーヤー発売	待つわ 心の色 北酒場	逆噴射 校内暴力 ネクラ ノゾキ喫茶
58	83	レーガン来日 大韓航空機ミサイル撃墜	戸塚ヨット 三宅島爆発 「気くばりのすすめ」	矢切りの渡し 釜山港に帰れ	愛人バンク おしん イイトモ/
59	84	全斗煥来日 チャレンジャー宇宙初遊泳	グリコ、森永事件 三浦疑惑 ロス五輪 新国技館	北の螢 涙のリクエスト	バンド・エイド 新札3種登場
60	85	戦後40年 日米経済摩擦 三光汽船倒産	科学万博 豊田商事 日航墜落 三浦逮捕 風営法	ミ・アモーレ 恋に落ちて	いじめ エイズ スーパーマリオ
61	86	新自由クラブ解散 衆参・自民党圧勝	三原山噴火 写真誌ブーム ベト、ドク 若王子誘拐	Fin Cha-Cha-Cha	新人類 温泉ブーム プッツン
62	87	東芝機械ココム違反 大韓航空機爆破	利根川ノーベル賞 株暴落 「サラダ記念日」	命くれない 泣いてみりゃ……	マルサ システム手帳流行 個人OA普及
63	88	リクルート疑惑始まる 上海列車事故	なだしお事件 ソウル五輪 「ノルウェイの森」	人生いろいろ パラダイス銀河	アグネス論争 101 ドライ合戦 自粛
01	89	1.8 平成に改元 竹下辞職 宇野内閣誕生	昭和天皇崩御 消費税導入 中国大動乱	川の流れのように	竹藪2億円 地球環境問題 リンブー
02	90	ドイツ統一 ソ連大統領制に移行	国際航業事件 長崎市長銃撃 マンデラ氏釈放来日	おどるポンポコリン	コンスタンチン君 花博 これ本番ですか
03	91	湾岸ハイテク戦争 クルド難民 ソ連消滅	雲仙大規模火砕流 証券不祥事	SAY YES ラブ・ストーリーは突然に	ツイン・ピークス 千代の富士引退 都庁移転
04	92	天皇訪中 PKO協力法成立 ロス暴動	東京佐川急便事件 学校週5日制 暴力団対策法	晴れたらいいね 君がいるだけで	毛利さんふわっと実験 貴花田婚約騒動

人生年表（▲）と人生定規（◀）
（いずれも部分。写真は人生定規の0歳を1966年に合わせた状態。©Kazuma Yamane 1993）

インタビュー・カルテとこの人生年表でした。手帳の左側に160項目のリストからなるインタビュー・カルテが、右側には二つ折りにした人生年表があって、チラチラ見ながらインタビューをしていたのです。

インタビュー・カルテや人生年表を使って聞いた話は、最も基礎的なデータになります。メインになるわけじゃないけれど、これを聞いておくと、メインの話を聞いたときに、なるほど、この方はこういう時代や人間関係の背景があったから、今こういうことをしているんだな、それゆえにこういう意見を持っているんだな、ということがわかってくるんです。

インタビューをするときの注意点

阿部　それでは、インタビューをするときの注意点について教えていただけますか?

山根　初対面の人と会って話を聞くので、礼儀作法や手続き、お礼などは、とても大事です。これも技術だと思う。これに加えて、1時間なら1時間というインタビューの時間で、いかに相手の心をこちらに惹きつけるかということにも腐心します。インタビューの最中に、もしも相手が自分自身に関心を持ってくれたり、興味を持ってくれたりすれば、その後もお付き合いができるかもしれません。実際、インタビューをきっかけにして長くお付き合いが続いている方もいます。その意味で、インタビューは人間関係を構築するための非常に大事な機会でもあると思います。

でも、インタビューを受ける側のほとんどの人は、「どこの馬の骨かも知らない奴がやってきた。仕方がないからインタビューを受けたけれども、早く帰ってほしい」という気持ちでいる。これは社会人が営業に行っても、だいたい同じようなものだと思う。面会の約束をとりつけてやっと相手が会ってくれても、「はい、わかりました、検討しておきます」と、つれない返事をされるのが普通ですよね。「検討しておきます」ということは、断りますという意味ですからね。そういうときに、「へえ、面白いね、来週またおいでよ」っていわせるためにはどうしたらいいのか。これを考えることも大事だと思います。

阿部 そんなことを相手にいわせる技術なんてあるんですか?

山根 私がとくに若いころに、偉そうな態度の政治家や企業のトップにインタビューするときには、「三段階法」を使っていました。インタビューの時間が1時間あったら、最初の20分はカルテを使って簡単な質問をして、相手が答えることを「はい、はい」とノートにメモしながら、聞くことに専念する。相手の言い分をいいたいだけいわせて、メモをとる。

ただし、メモの書き方があって、なるべく相手によく見えるように書く。相手にとって自分の話をよく聞いてくれているということが、インタビューの密度を継続させるために必要なんです。よく、インタビューしながらノートにメモを書いていると、「君、そこはそうじゃないよ。字が違う」っていうようなことがあったりするんだけれども（笑）。

じつはノートにメモをとるときに、メモをしながらノートの欄外に相手のいっていることに対して、「それはおかしい」「ちょっと、それは違うんじゃないか」という反論や自分自身の意見を書いておく。あとでできるだけ相手に反論したり意見をいったりできるように、聞きながら相手の問題点や気づいた点をメモするわけです。そして20分を過ぎたころから、反撃に出る。「ところで、先ほど□□さんは○○だとおっしゃいましたけれども、××のほうがいいんじゃないですか」とか、あるいは「これは、こうこうこういうことで問題があるんじゃないでしょうか」というふうに、反論や提案を込めた意見をぶつけます。

そうすると、そこで何が起こるか。それまで、私がいようがいまいが勝手にしゃべっていた人が、「うん、なるほど」とか「いや、それは違うんだよ、君」と、はじめて私の顔を見て話すようになります。そういう20分間が終わると、私の名刺を改めて見て、「君ねえ、なかなか面白いねえ」みたいな言葉が出てくる。あるいは、「きついこと、いうねえ」とか。こうなれば、インタビューは成功です。

その後は、「今の話をちょっとうちの若い者に話してくれないか」とか、そういう話につながっていく。「一度、飯でも食うか」といわれたり。そうして最後の20分は、親交を深める時間になります（笑）。1時間なんですが、20分は攻撃の準備段階、20分は攻撃、あと20分は親交を深める。こういうインタビュー方法を私はずっとやってきました。

阿部　インタビューの最初は聞くこと、守りが大事なんですね。

山根　最初から攻撃することもありますよ。たとえば偉ぶっている人っていうのは、自分からはしゃべりたくない人が多いわけです。私がそういう人にインタビューに行くときには必ず一言「今日この人にこれだけはいってやろう」「こういえば相手はギャフンとなるだろう」という知恵を出してから取材に行くことにしています。決まり言葉は一つでいいんですがね。

これは巖流島の宮本武蔵が、佐々木小次郎に勝つために、刀では勝てないから舟の櫓を削って木刀をつくっていったのに似ている。なぜ武蔵が勝てたか。持っていた木刀がその長さに比べて軽かったというのが勝因にあるわけです。だから、自分なら巖流島の宮本武蔵の木刀のようなものを何にするかを考えてから、インタビューに行くわけです。

たとえば、こんなことがありました。あるペットボトル飲料が大ヒットしていることを、その会社の経営者に聞いたときに、「いやあ、大ヒットとはこうこうこうすると、こうなんだよ」と自慢気に話すわけです。それに対して私が、「でも私、絶対こういうものは買わないんです」といった。相手はビックリして、「なぜかね」とこちらをまじまじと見ます。そこで、「水は重いので持ち歩くのが大変です。なので、ぜひ粉末の水を開発してください」と返したところ、「長らく飲料開発に携ってきたが、そんなことをいわれたのははじめてだ」と相手が身を乗り出してきたので、「空気にはいくらでも水蒸気があるのだから、それを集めてすぐ飲料ができるようになるといいですね」と話したのがきっかけで、その方とは長くお付き合いさせていただくことになりました。

先ほどもいったように、インタビューというのは、ただたんに相手から話を聞くのではなくて、人間と人間の非常に尊い出会いのチャンスであり、お互いが短時間でホントの本音で話し合い、交流することを目指すべきなんです。

現在、私は福島原発の現地取材に行っていますが、原発関係者や東電マンはマスコミから攻撃され続けてきたわけです。よって、彼らの話を聞きたいっていってもなかなか口が重い。でも私は、「東京電力のエンジニアのみなさんは本当に素晴らしいです」とまずいうのです。彼らはそういうことをいわれたことがない、半信半疑ながらだんだん口を開けてくれます。最初の一言がアイスブレイクになって、いろいろな話を聞くことができる。

「東京電力のエンジニアのみなさんは」というところが大事で、「会社そのものはダメなんだけど、みなさんエンジニアは素晴らしい。なぜならば、この廃炉という仕事は人類がこれまで一度も、誰も挑戦をしたことがない。みなさんはそういう仕事に取り組んでいる。これは長い工業史・技術史のなかでも、誰も挑んだことのない壮大な仕事だ。これは日本中が応援しなくてはいけないと私は思っているのです」と伝える。それはホントのことですから。そうして相手との距離が縮まったところで、「じつは一番聞きたいことは……」と、本題を聞く。私の立場を理解してくれた相手は、そこで正直に話し始めてくれるわけです。

それをいきなり訪ねて「3・11であれほどの原子力災害が発生しましたが、みなさんの仕事は今、どうなっていますか」と聞くと、「国民のみなさんに大変ご迷惑をかけて……」という感じで、肝心な話を聞き出すことができないで終わってしまう。

最初の障壁をどう短時間に取り崩すかがすごく大事です。そのために私は、インタビューの1〜2日前には、インタビューの相手に会って最初に何をいうか、ものすごいエネルギーを込めて考えるわけです。

インタビューで恥をかけ

阿部　ところで、ギャフンといわせる技術は大学生には少し高度ですね。もっと基本的な技術はありますか？　たとえば、ほかに事前準備しておくことは何かありますか？

山根　相手をギャフンといわせるためには、もちろん準備が要ります。けれども、準備しすぎるのもよくない。約18年間、800回近く週刊誌連載が続いた「メタルカラーの時代」[*4][*5]の対談・インタビューでは、ほとんど下準備なしで臨んでいました。というのは、インタビューを受ける側は聞く側が知識を持っていると思って話すことが多いんです。

＊4　「メタルカラー」とは、事務職を意味する「ホワイトカラー」（白い襟＝white collar）に対して、創造的工業技術者は「金属の襟＝metal collar」の持ち主であるという意味合いを込めた、山根さんによる造語。

＊5　『週刊ポスト』1991〜2007年（30頁のプロフィールも参照）。単行本にもなっている（のちに文庫化。いずれも小学館刊）。

たとえば、「容器包装リサイクル法についてはこうこう」と相手にいわれると、「はあ、はあ、なるほど……」ってなりますね。「はあ、なるほど」と、つい「知ったかぶり」で反応してしまいがちなのです。容器包装リサイクル法についてよく知らないのに、「それって何ですか」と聞くと、「バカモン、そんなことも知らないで来たのか」っていわれてしまいそうなので、質問ができないんですよ、相手から不勉強をなじられることが恥ずかしくて。結局、理解不十分なまま記事やレポートをまとめるので、なんだかわからない内容になるということが多いんです。

私自身もそうやって書いた記事を世の中に出してしまって、「なんだ、これは」「全然正しくない」「肝心なことが何も書いていない」と批判されて恥をかいたことがあります、若いころのことですが。そのときに先輩のジャーナリストから「読者の前で恥をかく前に、インタビューに行ったときに恥をかいておけ。そうすれば、そのあとに大きな恥をかかなくて済む」といわれたんです。

「メタルカラーの時代」は難しいテーマばかりでしたので、まずインタビューの一番最初に「よろしくお願いします。じつは私は本当に不勉強で、今日は小学生みたいな質問をたくさんすると思いますが、ぜひ一般読者の方のためなので、丁寧にわかりやすくお願いします」ということにしました。

ここですごく大事なことは、相手には、私が何も知らないということを前提で話をしてもらう、ということです。そうすると相手も諦めて、基本中の基本から、たとえば「容器包装には○○などがあり、××といった問題があったので……」というように教えてくれます。そこで、「『など』というのは何種類くらいあるんですか」と聞く。そうすると意外と相手は知らなかったりします。「えぇーっと、詳しくは資料を見ないとわからないね」「ちょっと調べてから」となるんです。最も基本的なことを質問すると恥をかくと思うけれども、じつは相手も曖昧で知らないことがあるものなんです。

ギブ&テイクのための準備

阿部　先ほど下準備をしなかったっておっしゃっていましたけど、信じられませんでした。『聞きとりの作法』[*6]という本を書かれている、労働経済学では著名な小池和男先生が、僕が大学院生のときだったか、聞き取りの方法を授業か何かで講義されたことがありました。そのときに先生がおっしゃっていたのは、「聞き取り・インタビューは、インタビュー前にすべてが決まる」ということでした。それからずっとインタビュー前の準備が大事と思っていたのですが、今日聞いたお話はまったく逆で、ショッキングでした（笑）。

じつはさっきから、「本当に聞きたい点については、事前に下準備しているんですよね」っ

*6　小池和男『聞きとりの作法』東洋経済新報社、2000年。

て質問したかったんです。でも、山根さんに「いや、そうじゃない」といわれてしまって、このあとどうしようって思っています（笑）。

小池先生が事前準備は大事だということおっしゃった理由は、私たち研究者の場合には理論的仮説を検証するためにインタビューすることが多いからなんだと思います。たとえば、賃金体系を成果主義にすると従業員の労働意欲が高まるという仮説があったとしますね。この仮説が真か偽かを検証するために、「あなたの会社で成果主義になって、どうなんですか」とインタビューに行くわけです。その際に、自分の理論的仮説を相手にどのように聞けばよいかをトコトン考えて事前に準備しておくわけです。

山根　専門家同士では、当然おっしゃるとおりでしょうね。私はイリオモテヤマネコやニホンオオカミについて、ずっと取材を続けていますが、インタビューで「ニホンオオカミって何ですか」とは聞きません。相手の仮説を引き出すために「私はこういう仮説を持っていますが、先生はどうですか」というかたちで聞きます。一つのテーマを長く取材しているときは、相手よりも多くのデータを持つようにして、取材に臨みます。

これも先輩にいわれてきたことなんですけれども、「インタビューは必ずギブ＆テイクである」と。「テイク」だけをしようとすると、どこかでインタビューのエネルギーが落ちてくるんです。だから、「どんなにつまらないことでもいいから、聞いてみよう」「じゃあ、この先生にはこういうことを自分から提案してみよう」ということを準備しておく。このためにはものすごく時間をかけるんです。先ほどの「容器包装リサイクル法」なら、「容器をいっさいなくす発明は」といった質問は用意しておきますね。

学説というのは一つの仮説じゃないですか。それに対して、こちらは学者ではないが、たぶんこういうことはわかっていないだろうなということを考えて、用意はしておきますよ。

阿部　学生はとくに、「これを知りたい！」って行くわけだから、インタビューに関する周辺情報はやはりある程度は持っていったほうがいいですね。

山根　もちろん、そうですね。学生なら学生なりに、たぶんインタビューの相手が考えていないこと、たとえばすごく素朴な指摘なり視点なりを一つは考えてから行くこと、これは大事だと思います。

阿部　それこそ、ギブ＆テイクですね。

3　インタビューからの学び

相手に信用され、信頼され、気を許してもらうための下準備

山根さんのお話、参考になりましたか。

ところで、みなさんが友人に何かを話す場合に、内容によっては「この人に話しても大丈夫なんだろうか」と考えるときがありませんか。たとえば、自分に好きな人ができて誰かに打ち明けたいときや、仕事上でまずいことが起きてしまって誰かに相談するときのように、その話が拡散してしまうと困るような場合です。そんな場合に誰にでも話してしまうと、自分が恥ずかしい思いをしたり、大変な事態に巻き込まれてしまったり、嫌な思いをするかもしれません。だから「この話を心の中にしまってくれて、他人には話さないはずだから、この人なら大丈夫」という、気を許せる人にだけ話そうとしますよね。逆に、拡散しても困らない話の場合には、とくに以上のようなことを考えずに誰にでも話すでしょう。

みなさん自身が話す相手によって話の内容を選んでいるように、あなたと話している相手も同じように考えて、話す内容を選んでいるはずです。ですから、もし相手から「こんな内容を話して大丈夫かな」といった話を聞き出したかったら、相手に「この内容を話しても大丈夫」な自分を選んでもらうようにしなければなりません。相手に自分が信用され、信頼され、気を許してもらう必要があるわけです。

相手に信用され、信頼され、気を許してもらうために、山根さんはインタビューの前に下準備をしていました。インタビュー・カルテと人生年表です。山根さんはこれまでさまざまなインタビューをされてきたので、どんな相手にも対応できるインタビュー・カルテと人生年表を思いついたのだろうと思います。そして、この2つを使うことで、インタビュー相手からいろいろな話を聞き出す手がかりをつかんでいました。私たちにも山根さんのアイディアは利用できると思います。

相互に意思疎通をし合えるインタビュー

それから、インタビューの最中に山根さんが行う「三段階法」も、私たちが真似するとよい技術だと思います。相手の話をただ聞いてメモするだけではなく、その間に次の質問や意見を考えて、それを相手にぶつけてみるという技術です。インタビューというと「話を聞く」ことをイメージしますが、それだけだと相手は胸襟を開いて話をしてくれない。それを避けるために、あえて突っ込んだやりとりをしてみるということでした。

ただし、三段階法を実践する際に気をつけなければならないと思うのは、「ギブ&テイク」を考えてインタビューを行わねばならないという点です。山根さんも指摘していますが、テイク、つまり相手の話を聞くことだけをしようとすると、相手もつまらなくなって肝心の話をしてくれないことがあるようです。たとえば、学生ならではの素朴な感想をいってみたり、相手が気づいていないことを指摘してみたりすると、もしかしたら新しい話や面白い話を聞けるかもしれません。私（阿部）の経験でも、こちらから感想や意見をいったときのインタビューのほうが、相手から興味深い話を聞けたし、そのときの記憶は今でも鮮明に残っています。その意味で、インタビューも一方的に聞くだけではダメで、聞き手も話し手も相互に意思を疎通し合う会話をする必要があるようです。

最後に、インタビュー中に感想や意見をいうためにも、インタビューの前に十分な事前の準備をしておく必要があると思います。事前に参考文献を読んだりして、知識を頭のなかに入れておかないと、自分なりの感想や意見が出てこないと思うからです。インタビューは親交を深めるきっかけになる可能性が大きいと、山根さんは指摘しています。そのためにはインタビューの相手に好印象を与えることが大事なのですが、それにはインタビュー中の会話を互いに楽しめるように、事前の準備も大事なように思います。

インタビューは場数を踏まないと上手くならない、と私は思います。逆にいうと、経験を積むほどに、インタビュー相手から信頼や信用を得るためにはどうすればいいかがわかってきます。たぶん、最初のころのインタビューでは相手から話を上手に聞き出せないかもしれません。でも、トライ＆エラーを重ねていくうちに上手になると思いますので、事前の準備を怠らずにインタビューの技術を実践してみてください。

4 ビジネスシーンへの発展

多様な人との協働なしに仕事は成り立たない

社会人になると、大学生のころよりさらに多様な人と対話する機会が増えます。たいていの学生は、企業に就職し働くことになると思いますが、指導を仰ぐ先輩が10歳以上も年上であったり、親以上に年の離れた上司や祖父母に近い年齢の同僚がいる職場も珍しくないでしょう。自分の会社だけでなく、お客さまや取引先企業などを含めれば、学生時代の上下関係など比べものにならないほど多様な世代の人たちとやりとりしていくことになります。

かつては黙々と打ち込める製造業の工場勤務など自己完結できる仕事も多かったのですが、現代ではそういった仕事は海外に移転しつつあります。製造業であっても企画・事務・開発などの仕事が中心になり、接客・営業や販売などのサービス業が増えてきているため、人とやりとりする機会は増えるばかり。そこに少子高齢社会でみなさんのような若者が減り、60代以上でも現役で働く人が増えてきているため、学生時代には知り合うことのなかった世代の人ともやりとりすることが当たり前になってきているのです。また、海外とのやりとりをともなう仕事も珍しくなくなっています。少しおっくうに感じるかもしれませんが、会社員として働くうえで、多様な人との協働なしに仕事は成り立たないといってもいいでしょう。だからこそ、将来のためにも学生時代から人と協働する訓練をしておくことは有効なのです。

事前に相手を取り巻く環境を徹底的に調べる

インタビューの後半でも強調されていましたが、相手を知るためには、事前の準備が欠かせません。たとえば社外の場合。企業をお客さまとする法人営業であれば、経営情報や最近のトピックスなど、その企業について知りうるオープンになっている情報は調べていくことが最低限のマナー。お会いする企業内の担当者についても、すでに自社で先輩などがお会いした方であれば、人となりや性格・価値観などできるだけ事前に把握してからお会いするようにしなければなりません。相手が要職に就かれている著名な方であれば、新聞・雑誌やインターネット等で発言録などを調べ、考えを把握しておくとよいでしょう。

社内の場合でも相手を知る事前の準備をしておくことは同様に大切です。上司や関係部署の方であっても、どんな経験を積んでこられたのか、社内組織図や社内報などを取り寄せ、どのようなポジションでどんな仕事をされているのか、さらには社内事情に通じた先輩などに取材するなど、会う前に調べられる範囲で相手の考えを理解しておくことが重要です。

なぜ、ここまで事前準備が必要なのでしょうか。多様な人とのやりとりが欠かせない社会人は、個々の人との直接の会話時間は少なくならざるをえません。とくに、上司や要職に就かれているお客さまほど多忙です。働き始めたみなさんに割ける時間は限られたものになります。その限られた時間で相手を知るには、直接会話せずともわかる情報は調べておいたほうが、互いの時間を有効活用できるからです。

もしも自分が相手だったら ◉ニーズや本音に仮説を持ち確認

相手の情報を事前にできるだけ調べておくことは重要ですが、じつは情報を調べるだけではまだ十分ではありません。そこまででは、事前準備の半分です。残り半分は、その得られた情報をもとに「もしも自分が相手だったら」と想像をめぐらして、相手のニーズや本音について仮説を立ててみることです。法人営業ならば、相手企業の経営状態や最近の報道をもとに、どんな経営戦略を打ち立てようとしているのか、そこでどんなニーズが発生してくるだろうか。さらには、お会いする担当部署は経営から何を求められて、担当者は何を欲しているか。上司や関係部署の方であれば、これまでの経歴からどんな志向があるのか、さらに上の上司（経営層）から何を要望されているのか。こういったことを、もし自分が相手の立場だったらどう思うだろうか、と一生懸命に考えてみるのです。そうすると、事前に知りうる情報だけでは見えてこなかった相手の心理が見えてくるものです。逆にどうしても見えてこない部分や本音がつかみ切れない部分も浮かび上がってくるでしょう。そういったことを直接やりとりする会話の機会に確認すればよいのです。

山根さんは事前準備をしていても、小学生みたいな質問をすることをインタビュー前にお断りしていた経験を話されていました。知ったかぶりにならないように、というアドバイスです。いかに事前情報から相手の本音やニーズを想像しても、それはあくまで自分の仮説です。仮説が違っていることも往々にしてあるものなのです。

お役に立ちたい姿勢が相手の心を開く

インタビューでは「ギブ&テイク」の大切さも強調されていました。これは社会人になるといっそう気をつけておくべき観点です。事前準備をしっかりして、直接の会話で相手を知ろうとしても、それがテイクばかりだと感じられると、相手は心を開いて本当のことを教えてくれないことが多いものです。

かくいう私（前川）も、若手のころ、事前準備をもとに社外の初対面の方へ質問ばかりしていたら、「質問に答える代わりに君は何を返してくれるの」と叱られた経験があります。現在の私はメディアからインタビューを受ける機会も多いのですが、答えるのが当たり前でしょ、という態度で矢継ぎ早に質問をされるのは、やはり気持ちのよいものではありません。社会人になると、忙しい仕事の最中によく知らない人からテイクばかりされ、貴重な時間を奪われることが最も迷惑なのです。相手が心を開いてくれるためには、やはりギブが必要です。というより、社会人になると、ギブするだけくらいの心構えでちょうどよいと思います。

ギブの心構えとは、相手のお役に立とうとする姿勢です。そうはいっても、若手のうちは目上の相手にギブできることは少ないでしょうから、「私のために時間を割いていただき、ありがとうございます」と、まずは感謝の意を表することです。少しずつ経験を積んできて、相手のお役に立てる情報提供や相談に乗ることができるようになってきたら、積極的に実践するようにしていきましょう。相手を知るには、相手の立場に立ちお役に立とうとする姿勢が大切なのです。

第3章 記録する技術

前川さんは，インタビューの最中だけでなく，普通に会話していても，ノートを取り出してメモすることがよくありますよね。私はあまりメモする癖がなくて，あとになって思い出せないということがたびたびあります。

私はとても悪筆なので人前で字を書くことが恥ずかしいのですが，でも相手と話して決めたこと・依頼したことと依頼されたことなどを忘れてはいけないと，ポイントは書いています。毎日たくさんの人とお会いするため，記憶に頼るのは限界があるためです。長年働いてきて，メモするのが癖になっているのかもしれません。

けれど，ノートをとるにせよ，メモをとるにせよ，習った覚えはないですよね。

新入社員時代に，指導役の先輩から「メモとペンを持ちなさい」と口酸っぱくいわれたことが原点です。ただ，その中身，記録の仕方については独学ですね。ビジネス雑誌などで人気の「手帳術」などもほとんど読んだことがありませんでしたし，自分のメモも上手だとは思っていないので，太田さんの話は興味深いですね。

太田あや

Aya Ota

フリーライター

2002年，株式会社ベネッセコーポレーションに入社，「進研ゼミ」の編集を担当。2006年に退社してフリーライターに転身。以後は教育分野を中心に執筆活動を行っている。著書の『東大合格生のノートはかならず美しい』『東大合格生のノートはどうして美しいのか？』（以上，文藝春秋）がシリーズ50万部突破のベストセラーに。他の著書に，『ネコの目で見守る子育て――学力・体力テスト日本一！ 福井県の教育のヒミツ』『超小学生』（以上，小学館）などがある。また，コクヨグループのコクヨS&T株式会社および株式会社文藝春秋と共同で，東大合格生が使用したノートの研究に基づく「ドット入り罫線シリーズ」ノートを開発し2008年に発売した。

Keywords　ノート（=メモ）のとり方　目的意識を持って書く　未来の自分のために書く　編集力　自分に合ったノートのとり方　記憶と記録

1 ノートをとらない大学生

「パシャ」「カシャッ」

最近、授業やゼミをしていると教室でこうした音がよく聞こえてきます。黒板やプロジェクタスクリーンをスマートフォンや携帯電話のカメラ機能で撮影する音です。私（阿部）が学生のころは黒板の内容を写真に撮るなどということは考えもつきませんでした。でも、今やスマートフォンや携帯電話で撮ってしまえば、SNSで友達に拡散することもできますから、学生はとても便利に使っているようです。

ところが、そんな便利な機能を使っているにもかかわらず、成績がよくなっているわけではありません。少なくとも私の授業では、スマートフォンや携帯電話で撮影している学生ほど成績に問題を抱えている傾向があるようです。

あるとき、そんな学生の一人が質問にやってきたので、話をしてみました。すると、授業の内容をあまり理解していないようです。どうやら黒板やプロジェクタスクリーンを撮るだけで安心してしまい、私の話を聞いていないようなのです。

私「失業率は総務省統計局のホームページからダウンロードできるって話したよね？」

学生「でも、(黒板を撮影した画像を見せて) 先生は何も書いてないですよ？」

私「黒板には書いてなくても、口頭で説明したよ。黒板には失業率の定義を書いただけだけど、労働力人口や失業者数は総務省統計局の『労働力調査』から入手できるよっていったはず。ノートはとってなかったの？」

学生「そうですか。てっきり黒板の内容を理解すればいいと思っていました」

社会に出て仕事をすることになれば、勉強しているときよりもメモやノートを上手にとる必要が出てきます。上手なメモやノートをとるにはどうしたらよいのかについて、多くのよいノートを見てきたプロフェッショナル、太田あやさんに聞いてみましょう。

2 プロフェッショナルに聞く 太田あやさん

何のためにノートをとるのか

阿部　『東大合格生のノートはかならず美しい』[*1]が出たときにすぐに買いました。これは面白いなあと思って。そもそも、なぜ東大生のノートを調べようと思ったのですか？

太田　私は、もともとベネッセで「進研ゼミ」の編集をしていまして、そこで高校生向け教材の付録である情報誌を編集していました。その雑誌は、大学生活を紹介して大学への憧れを醸成したり、勉強法を紹介したりすることで、勉強へのモチベーションを上げる、といったことを目的とした中身だったんです。

そこでよくやっていた企画が、難関大学に受かった進研ゼミの先輩たちは、受験生時代にどんな勉強をしていたんだろうというものでした。実際に使っていた教材とかノートなどを持ってきてもらうんですね。そのなかで、ある東大生が持ってきてくれたノートが、生物のノートだったんですけど、すごくきれいに書かれていて、とても驚いたんです。

「きれい」といっても、字がきれいというのではないんです。まず情報量がものすごく充実していて、加えて知識が孤立していない。つまり、すべての知識がちゃんと有機的につながっていて、ページのなかで物語がきちんと完結しているようなノートでした。それはものすごく驚きました。しかも、授業が終わったあとに書いたまとめノートなのかと思ったら、そうじゃなくて、授業中に完成させたというのですね。それでさらに驚きましたね。

*1　太田あや『東大合格生のノートはかならず美しい』文藝春秋、2008年。

私は高校生のころ、ノートをとること自体にあまり意味がないと思っていたんですね。ノートを一生懸命とるくらいだったら、問題をたくさん解いたほうがいいんじゃないかという思いが強かった。だから自分では全然ノートをとっていなかったんです。

もう一つ驚きというか疑問に思ったのは、東大は受験科目が多いので、より効率的に勉強しなければいけないのに、なんでこんな面倒くさいはずのノートを書いているんだろうって。そこも引っかかりました。

それで、ベネッセを辞めたあとに、『週刊文春』の編集の方から、ちょうど「増刊号をつくるので何か企画はないですか」といわれまして、「東大生のノートを百冊集めてみたいです」という企画を出しました。百冊見ていけばそこに何か東大に受かる秘訣があるんじゃないかと思ったんですよね。結果的に、それが企画になって、あとで本にもなったという流れです。

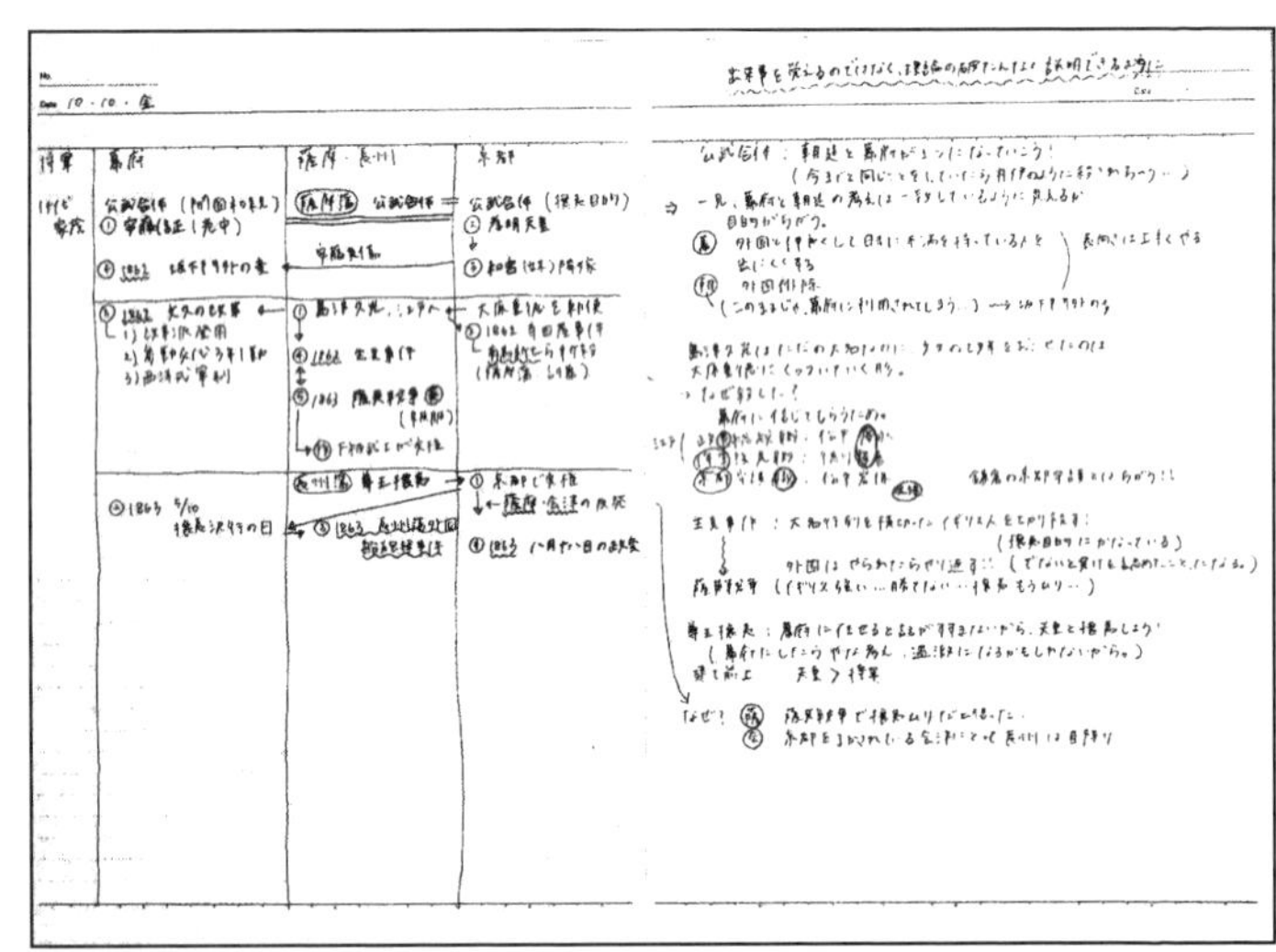

▲**東大生のノート**（太田あや『東大合格生の秘密の「勝負ノート」』文藝春秋，2015年，より）

阿部　東大に合格した人のノートが、きれいなだけじゃなくて、知識が有機的につながっているという、そのあたりをもう少し突っ込んでお話しいただけませんでしょうか？

太田　そうですね、中学生とか高校生で、とても真面目に、ノートをきれいに書いているのに成績がイマイチ上がらない子っていると思うんです。そういう子のノートは一見きれいなんですが、何というか平面的に見えます。それは、それぞれの知識が孤立して書かれているからだと思います。

逆に東大生のノートは、本では「迫力のある美しさ」って書いたんですけど、ノートがすごく立体的に見える美しさがありました。それはなぜなんだろうと思うと、**知識と知識がきちんとつながっているノート**だからなんだなって感じたんです。

たとえば社会のノートで、「江戸時代」って書いてあるとします。成績の上がらない生徒のノートは「江戸時代」としか書いてないのですが、東大生のノートになると、江戸時代はどういう経緯で幕府が開かれて始まったのかなど、黒板だけでなく先生が解説した内容もきちんとメモしてある。東大生のノートは、知識が置き去りにされていないノートだなということを感じました。

また、東大生に取材していて感じたのが、何となく書いているものが一つもない、ということです。全部理由があるんです。アンダーラインを引いたり、赤ペンを使ったりしていることも、それぞれこういう理由でこうなっているんですと、すべて理由づけがされています。つねに目的意識を持って書いているんだなというのを強く感じました。先生にいわれたからそうしているんじゃなくて、目的を持ち、ちゃんと自分の考えで書いているノートだなあと思いましたね。

どういうふうに書かれていたら、あとで見直したときに役に立つのかなど、とにかく自分のために一生懸命にノートをつくっている。東大生のノートは、自分にとって読みやすいノートを求めていくなかで、誰が見ても美しいものとなった、ということなんだろうなと思います。なので、美しさだけを求めて書いても、見た目はきれいになったとしても、成績も上がらないだろうし、あまり役に立つノートにはならないのではないかなと思いましたね。

前川　何のためにノートをとるのかということがハッキリしているということですね。

太田　おそらく、目的を明確にすることが、ノートを書くスタートラインに立つということなんだと思います。このノートをとることで、自分はどうなりたいとか、このノートをどう使いたいとか、そこがハッキリしないといけない。

本にも書いたのですが、ある東大生が「とにかく目的を持って書かないと意味がないんです」っていうんですね。それは「ノートも部活と同じなんです」という話をしてくれて。その子は東大に入学したあと、母校の高校のハンドボール部のコーチをしていたそうなんですが、後輩たちが毎日3時間しっかり練習するんだけれども全然上達しない。でも、練習を見ていたら、当たり前だなと思ったっていうんです。「どうして」って聞くと、「目的を持って練習をしていないから。シュート練習だったら、ただ決められた数を30本投げている。それじゃ絶対に上達しない。どうやったらもっとシュートの確率が上がるかとか、自分の癖はどこでどうしたほうがいいかなどを考えながらやらないと、強くはならない、上手くはならない」と。

「同様にノートを書くときも、自分の弱点はどこなんだろうとか、どうやったらもっといいノートになるんだろうとか、自分が必要としているものって何だろうとかを考えながらノートをとらなきゃ意味がないんです」っていうんです。「ノートは、近い将来見直す自分のために書いているんです。だからこそ、未来の自分に気を遣って書かなければ、ノートって意味がない」。この「**未来の自分に気を遣って書く**」は名言だと思いました。その言葉で、私もノートを書く意味がようやくわかったと思いましたね。

阿部　今、目的意識の話を聞いていて、ある方の話を思い出しました。その方は今や大企業の社長ですが、新入社員のときにコピーとりばかりやらされていたそうなんです。単純作業ばかりさせられると、普通、クサるじゃないですか。ところが、その方は企画書のコピーをしているうちに、どういった企画書がよい企画書なのかがわかるようになってきたらしいのですね。そして、自分ならどういう企画を立てるかについてコピーしながら考えるようになったそうです。目的意識を持つというのは、何ごとにも大事ですね。

社会人になると黒板はなくなる

阿部　私も仕事を効率的に進めるには、ノートのとり方を工夫すべきだと思うんですけど、なかなか自分にとってすら読みやすいノートをとるのは難しいですね。

太田　それは、たぶん中高生も同じで、これを技術として定着させるのは大変なんです。理想をいうと、学校の先生がノートをとらせるときに、「こういうノートをとらせるけど、これはこういうふうにテスト勉強に使ってもらいたいから、こういう書き方をするんだ」とか、そういうことを教えてくれる先生が一人でもいると、何のためにノートをとっているのかがわかるかなと思うんです。

現実にはそういうことはまずありません。その結果、中学校でも高校でも、黒板さえ写せばもう完了って思い込んでいる生徒が多いんです。でも、授業ってそもそも、黒板だけでは成り立ちませんよね。「先生の話」と「黒板の内容」と、また、それを聞いて「何かを考えている自分」とで成り立っている。その3つを書き込んでいかないと、見直して理解できる授業ノートってつくれないんですよ。そういうことを指摘してあげるところから始めていかないと、ノートを書くスキルって上がらないし、多くの生徒たちはノートを書く意味も見出せないのではないかと思います。

阿部　しかも、社会人になると、黒板はないですからね。学生のときに黒板の内容だけをノートに書いているだけだったら、社会人になったら困りますよね。

太田　黒板を写すだけでは、それはもう受け身の勉強でしかありません。それだともったいないです。それこそ大学生になって、写メで済ませればいいという話になってしまいます。だからこそ、受け身ではなく主体性を持って学ぶように意識から変えていかないといけないと思いますね。とはいえ、目的を明確にし、主体的にノートを書き始めても、すぐに自分にマッチしたノートやメモがとれるようにはなりません。やはり訓練してできるようになっていく力なので、だからこそ、どこかで意識してやらないと、そのままメモもとれない大人になっていっちゃう。

阿部　そうか、学生のときはノート、社会人になるとメモって、言い方が変わったりしますけど、要はどっちもノートなんですね。

太田　社会人になってからのメモも、ただとるのではなく、使用目的をハッキリとさせ、聞きながら、何が必要か必要じゃないかとかと考えながら、書いていく力だと思うんですよね。

阿部　取材された東大生たちのノートは、蛍光ペンで線を引いたりとか、赤字で書くとか、やっぱりカラフルなんですか？

太田　そうでもないんです。そんなに色は使わないんですね。基本的に鉛筆の黒を入れて3色でルールを決めて使っています。色は重要な部分を目立たせるために使うとわかっているので、なんとなく気分で色を使うことはありません。ルールは、板書やメモを書く黒に、最重要の赤に、重要な青というふうに決められていました。色を増やすとルールを決めるのが大変になるのでシンプルでした。色数が少なくてもラインを引いて目立たせることもできますからね。そういえば、板書と先生の話を書き分けたくて筆圧を変えて書いている人もいました。

前川　へえ、筆圧ですか。

太田　彼らは、授業中に情報をワーッとノートに書いていくときに、鉛筆を持ち替えるのはすごくムダな時間だと考えるんです。ある東大生は、赤ペンとシャーペンを片手でお箸のように持って、ペン先だけ変えて書いていたといっていました。

前川　わあ、すごい。彼らのそのルールというのは、それぞれオリジナルなものなんですか？

太田　自分で決めている子が多いですね。ノートを見直すときに何色でどういうふうに書いてあれば自分が見やすいかを、突き詰めていく感じです。たとえば、一番大事なポイントを蛍光の黄色で書いている東大生がいて、「すごく見づらいけど」って聞いたら、「だからこそ一生懸命見ようとして覚えるんです。そのために最重要は蛍光の黄色にしています」というんです。

前川　逆に？

太田　そうです。そういう子もいるんですよ。東大生だからといって、みんなはじめからちゃんとノートをとれていたわけではありません。1冊を見ていっても、試行錯誤している跡がすごく見えます。最初はギューッと詰めて書いていたのが、どんどん余白が増えていったりとか、色使いがどこかで安定したりとか。

東大に合格した子も、中高時代に先生にいわれたり、自分より成績のいい子のノートをちょっと見てみたり、あるいはこういう「ノート本」を見たりして、いいなと思ったら取り入れてみているんです。ただ、いいなあと思えばそれを続けますけど、自分に合ってないと思うとすぐやめる。そうやって試行錯誤しながら、自分の目的に適うノートに仕上げていっています。

前川　目的を定めることで、ノートのとり方をだんだん学習していくわけなんですね。なので、さっきもいいましたけれども、目的がないと、何も始まらないんです。

太田　しかも、そのプロセスは自分の勉強の仕方と連動したものなんですよね。たとえば、塾のあとに家へ帰ったら絶対に勉強しないから、塾にいる間に間違えた問題には全部付箋を貼っておこうとか。そうやって性格や勉強のスタイルを見つめながら、自分に合ったノートが見つかっていくのだと思います。

やはり、ノートをとる前に「自分は何のためにこのノートをとるのか」「自分はこのノートを使ってどうなりたいのか」などを明確にしていかないと、自分なりのいいノートのとり方は見えてこないかもしれないです。ただ、きれいに書くことだけを目的にしても意味がないので、それがスタートかな。

ムダなことはやらない

前川　お話を聞いていて思い出したけれど、うちの会社に東大生じゃないんですけど、東大を受けた社員がいるんですよ。

彼は「受けただけですよ」っていうんですけど、それだけでも僕は尊敬しています。「君はすごいよ、東大受験に挑戦した」って。その彼のノートがやっぱりすごい。何月何日、誰と会って、どんな話をして、そこで何が決まった、決まらなかったっていうのが、全部ビッチリ書いてあるんです、名刺と一緒にファイリングされて。そのために彼の帰りは日に日に遅くなっていったんですよ。しかも、彼は営業をやっていて毎日いろんなお客さんに会うので、それがどんどん溜まっていくわけです。「なんでそんなにノートとっているの」って聞いたら、「もし僕が異動になったりとか、後任が来たときに引き継がなきゃならないから」。僕は「いや、そんなの読まないよ。やめろ」っていったんですけどね。

太田　もしかしたらその方、「抜け感」があったら東大に受かっていたかもしれないですね。

前川　目的に照らしてムダを省いていくことは重要だと思いました。

太田　そうなんです。東大生がよくいうのは、ムダなことはやらない。ものすごくたくさん書いてあるように見えても、必要なものしか書いていないんですよね。彼らは書いても意味がないと思えば書かない。たしかに美しいノートが多いんですけれど、なかには「本当は俺、もっときれいに書けたんだけど、これ以上きれいに書いても意味がないから、このへんでやめておいた」っていう子もいました。自分が見直したときにテンションが下がらないレベルで書くことが大事なので、それ以上は求めない。ムダなことをしないという思いは強いみたいです。

だからこそ、必要なことは全部ノートに一元化していく。教科書を見たり、参考書を見直したりするのが面倒くさいから。ノートに全部まとめてあれば、ノートさえ見れば必要なものが全部わかる、というわけです。ムダなことしたくないとか、面倒くさいっていう強い思いが彼・彼女らの背後にあって、結果としてこういう緻密なノートがつくられているんですね。

阿部　それって編集力ですよね。記録を最後にどういうふうに使うか、どうすれば効率よくまとめられるか、見直せるかっていうのを念頭に置いて、つくるという編集力。すごい編集力ですよ。

自分の「脳」に合ったノートのとり方

阿部　それでは、ノートをとるときの具体的なスキルにはどんなものがありますか？

太田　書き方に関しては、私の本に出している「7つの法則」というのが基本だと思っています。これは、どんなノートでも、学生も社会人も使える効率的にノートを見やすく編集するための基本的なとり方だと思います。

東大ノート7つの法則

①とにかく文頭は揃える
②写す必要がなければコピー
③大胆に余白をとる
④インデックスを活用
⑤ノートは区切りが肝心
⑥オリジナルのフォーマットを持つ
⑦当然、丁寧に書いている

ただやみくもに、この7つの法則だけやっても、いいノートにはならないです。いいノートをとるために必要なことは、目的意識が7～8割、テクニックである7つの法則は2割くらいかな、と思います。

阿部　フレームが最近よく出回っていますよね。社会人のためのノートのとり方フレームだとか。ああいったものをどう思われますか？

太田　既成のフレームをやみくもに取り入れても、あんまり意味がないのかなと思いますね。まずは奇をてらわずにシンプルにやるのが一番いいのではないでしょうか。フレームとかは、むしろその先にあるのではないかと思っています。

阿部　つまり、みんなが使っているからといって飛びつかずに、基本の7つの法則から始めたほうがいいと。

太田　私はそう思っています。ノートを書く目的が人それぞれ違うので、万人に合ったノートの書き方はない。自分に合ったノートのとり方を見極めていくしかないんです。東大生たちの何人かがいっていたんですけど、「教科書や参考書は信用していません」と。

前川　それはすごいな！

太田　「何で」と聞いたら、「だってこれ、僕のために書かれたわけじゃないですよね。みんなのために書かれているものだから、自分の頭に沿った編集がされているわけではない。だったら、自分が授業を聞いて、ノートに一番理解しやすいかたちに編集して書いたほうがいい。ノートは自分に沿ったかたちに編集できるから、僕は自分のノートを一番信用している」って。ノートにはこういう利点もあるのかと思いましたね。本当に人それぞれ、暗記の仕方も違うように、ノートの書き方も違いますから。もちろん、自分に合った参考書が市販されているのであれば、それを使えばいいんですけどね。

前川　今の話もすごいなあ。結局、記録するだけじゃなくて、教科書を読むということについても、目的意識を持って読むから、教科書だからって書いてあることを鵜呑みにしたりはしないんですね。

太田　自分の頭に合っていないなって、頭に入りやすいかたちで書かれていないなって思うみたいですね。

「ノートは自分にとっての2つめの脳だ」っていっていた子もいました。たとえば、授業中、先生から聞く話、教科書に書いてある話、黒板から目に入ってくる知識、そのままではすべてバラバラですけど、理解したり覚えたりするためには、すべての知識を整理し、再構成しないといけない。でも、自分の頭のなかだけで整理するのは難しいので、一度ノートのうえで体系的に知識を整理して、それを見ることで脳に入れていくそうです。だから「ノートがないと頭のなかに入らない」っていっていました。そういう、頭のなかを整理するツールでもあるといっていたのは印象的でした。

将来の生きる力になる

太田　たかがノートなんですが、自分なりに目的意識を持ってノートをそれに適うものにするために試行錯誤していく過程って、おそらく、自分の勉強法を見つけることだけでなく、自分がどういう人間なのかということに向き合うことではないかと思うんです。大きくいうと、そういう試行錯誤の過程を学生時代に踏むことが、将来の生きる力になると思っています。要は、自分の目的の達成法を見出していく作業だということです。ノートと向き合うことで自分を「律する力」が生まれたりとか、目的を達成するためにどうするかって考えることで「逆算力」が生まれたりとか。もっといえば、自分の勉強だけじゃなくて、これからの人生をデザインする力になるのかなあと思いますね。だからこそ、ただ書くんじゃなくて、やっぱり目的意識を持って書くというところが一番大事かなあと思っています。

ただ大学に入ってしまうと、目的を持つこと自体がちょっと難しくなるんですかね。受験から解放されると、次のゴールは遠くなりますよね。

阿部　とりあえず、就職っていうゴールはあるんだろうけれども、それだってどういうことかわからないでしょうし。

太田　ノートで就職できるとは、思わないでしょうね。
阿部　でも今日のお話は、それができるかもっていう話でもあるし、また就職後に待ち構えている長い人生に向かっていくための力には間違いなくなるはずですけどね。
太田　それが編集する力なんですよね、きっとね。

3 インタビューからの学び

記憶をよみがえらせるためのノート・メモ

太田さんのお話、参考になりましたか。

ノートやメモをとるのは未来の自分のためである。そのためには、未来の自分にとって、どの情報が必要で、それをどう書けば伝わるのか、気を遣ってノートやメモをとるべきだ。太田さんによる、記録する技術の肝をまとめるとこのようになります。

みなさんはそうではないかもしれませんが、多くの人は漫然とノートやメモをとっているように思います。学生なら黒板に書かれていることだけを写している人もいますし、社会人でも相手がいったことだけをメモしている人がいます。気を遣ってノートやメモをとっている人は多くないようです。

では、なぜノートやメモをとるのに気を遣わなければならないのでしょうか。その理由は私たちの脳の記憶のメカニズムと関連していると考えられます。

ノーベル賞を受賞した利根川進[*2]によると、できごとなどの情報を脳に蓄える「記憶をつくる」ことと、蓄えた記憶を思い出す「想起」、この2つによって私たちは記憶をしているそうです。

*2 生物学者。1987年、ノーベル生理学・医学賞受賞。

たとえば大学での学びを思い出してみてください。まず、授業中に教師が説明する内容を見たり聞いたりして、それを脳に蓄えますね。これが記憶をつくるというプロセスです。でも蓄えただけでは記憶とはいえません。蓄えた記憶を思い出せなければ、記憶したとはいえないからです。

では、どのようなときに記憶がよみがえるでしょうか。たとえばテストの前、友達とその授業について話していると、教室の様子だとか、教師が大事だと強調した部分だとかが、思い出されるはずです。つまり何かをきっかけにして、脳内に蓄えた記憶を思い出すわけです。

ただし、こうして思い出される記憶が、授業全体を再現できるわけではありません。一部のことしか思い出せないはずです。そして場合によっては、実際にはなかったことなのに、まるであったかのように記憶してしまうこともあります。みなさんにも記憶違いだったということがしばしばあるかもしれませんが、「過誤記憶」というのだそうです。

私たちは意識するしないにかかわらず、常時、記憶をしているのだそうです。通学や通勤途上でたまたま見た広告のことや、廊下ですれ違った人のことなどを、ふと思い出すときがあります。ただし、それが正しく再現できているかというと、かなり曖昧な場合が多いわけです。場合によっては、まったくトンチンカンなことを記憶していることもあります。さらには、覚えようと思って意識して記憶したときでも、あとから正しく再現できるとは限りません。

目的意識を明確にする

この記憶をよみがえらせるきっかけをつくり、脳内に蓄えた授業の記憶を正しく思い出させるために必要なのが、ノートであり、メモであると考えてみてください。太田さんは、ノートを第二の脳だ、といった学生の話もされていました。自分自身の脳と同調させて、あとになって脳に蓄積した記憶を正確に取り出せるようにするのが、ノートでありメモなのです。

そのためには、何のためにノートをとるのかという目的意識を明確にすることが肝心です。そうすると、本当に必要なことだけをノートに書くことができるようになるはずです。そして、目的意識を持ってつくったノートには、いっさいムダなことは書いていないから、あとで見直したときに何が必要なのかが、すぐに全部わかるはずです。たんに何かを書き写すとか、聞いた話をそのまま書くとかではなく、自分の頭で内容を編集し、あとで記憶をよみがえらせるきっかけをつくるようにノートをとるのです。

すぐにいいノートをとるのは難しいかもしれませんが、以上のことに注意して、今からいいノートをとる訓練をしてみたらどうでしょうか。

4 ビジネスシーンへの発展

メモやノートをとれないと致命的

「メモとペンを用意しなさい」。私（前川）が社会人として働き始めた新人のころ、指導役の先輩からいわれた言葉です。仕事を教えてもらうにあたり、簡単なマニュアルは用意されていました。しかし、いざ読み始めると、仕事未経験の自分にはそもそもマニュアルに記載されている言葉の意味がわからない。そこで調べたり、先輩に質問したりして、メモを書き加えました。会議の議事録をとるようにいわれ、まとめることにも一苦労しました。会社の方針が変わったり、自分の役割が変わったりするたびに、上司の説明を聞き、自分が何をすべきなのかノートにメモしました。部下を持つようになると、定期的に面談し、一人ひとりの意見や気持ちをノートに記録。お客さまや取引先とお会いすると、そこで話した要点を記録しています。つまり、仕事をしている間、始終記録をとっているわけです。

逆にいうと、仕事をしていて、相手がメモをまったくとらないと、とても不安になります。この人は僕の話している内容を理解しているのだろうか、伝えたことをしっかり理解し仕事を全うしてくれるだろうか、と。もし相手が自分の後輩や部下ならば、「メモとペンを用意しなさい」と指導するようにしています。仕事の基本は数十年経っても変わらないものです。

長年働いてきて思うのは、メモやノートをとらない日はないし、とらなければ仕事に支障をきたしてしまう、ということです。第**1**節に、黒板を写メで撮って、口頭で教示された内容を記録していなかった学生のエピソードが出てきましたが、もし社会人になっても同様のスタンスで記録を怠っているようだと、致命的です。社会人としては失格でしょう。

目的別の活用 ◉打ち合わせメモ、議事録、To Doリスト、下書きメモ……

太田さんは、東大生のノートの分析から、目的を持って記録することの重要性を強調されました。これは、社会人になると、いっそう重要になります。学生のうちは授業でノートをとることは、たいてい自身の学習・研鑽のためだと思います。これが社会人になると、もちろん研修やセミナーに参加し学習・研鑽することもありますが、それに加えてさらに目的も多様になっていきます。

打ち合わせメモで相手に依頼されたことの備忘録、会議の議事録で伝えられた内容の確認・

共有、To Doリストを記録し終業間際に明日やることを整理、手帳メモでお客さまとのやりとりのミスやモレを防ぐ、業務日報で上司に仕事の現状の課題報告、下書きメモを活かして企画提案書を作成など、さまざまな目的に応じた記録が欠かせません。記録することなくして、社会人生活はないといえるかもしれません。

ツールは賢く自分に合うもので

なお、記録するためのツールはIT技術の進化もあり、スマートフォンをはじめとする便利なものがどんどん増えています。これらは上手に使えるのであれば使ってもよいと思います。

たとえば、私はほぼ毎日ブログ[*3]を書いています。気になるニュースを見たり、本を読んだり、人に会ったりするなかで、人材育成の専門家として感じたこと・考えたことのメモ代わりです。なぜブログを使っているかというと、インターネットなので、あとから検索がしやすいからです。人間の記憶には限界があります。クライアント企業の経営者と話していて「半年ほど前に読んだ本の内容を紹介したい」と思えば、持っているタブレットで即座に検索してすぐに見せられます。また、講演で質問が出てきた際に「以前お会いした経営者のお話が有益だな」と思えば、その場で検索して映し出せばいい。また、数年ごとに自分の考えを体系的に整理し直して本を書くときなども、このブログでの記録がとても役立つのです。

*3 「前川孝雄の〝はたらく論〟」(https://ameblo.jp/feelworks-maekawa/)。

また、お忙しい方に貴重な時間を割いてもらい意見を聞かせてもらう場合は、あえて手書きメモはとらず、お断りしたうえでＩＣレコーダーに録音することもあります。メモをとることで相手との対話に集中できなくなることを避けるとともに、あとから一言一句大切に書き起こして、仕事に活用するためです。コンサルティングに伺い、現場で働くみなさんと議論し、さまざまな付箋やキーワードが書き並べられたホワイトボードを写メにとることもしばしばです。これは、議論によって、決まったこと・決まらなかったこと、これからの検討課題などを、あとから思い起こしながら整理していく材料にするためです。

黒板を写メで撮って満足している学生は、写メを使うことが問題なのではなく、目的に照らして使いこなせていないことが問題なのです。大切なのは、ツールに振り回されないこと。そして目的の実現に有効なのであれば、続々と増えるツールも臨機応変に使いこなせばよいのです。

記録することは学ぶ意欲の表れ

私が若手だったころ、自分より二世代も上の高名な経営者とお会いし、強く印象に残っているエピソードがあります。こちらが取材する立場で伺ったのですが、一通り取材が終わったあと、おもむろにペンを取り出され、私に質問をしてくるのです。そして、私なりの見解を述べると、大きく頷き一所懸命にメモをされたのです。若輩者の意見ですら大切に取り扱い、学ぼうとされる偉大なリーダーの姿勢に感動しました。

仕事柄さまざまな業界・企業のリーダーとお会いしますが、大きな仕事をなされる方ほど、このように誰からも素直に学ぶ姿勢を持ち続ける人が多いと感じます。記録することは社会人として仕事をする土台の一つです。また、社会人として成長し続けるための重要な習慣ともいえるのです。

第4章 プレゼンテーションの技術

プレゼンテーションを学ぶうえで，テレビや映画のプロデューサーや監督の話は面白いと思っています。彼らはドキュメンタリーや小説をどのように視聴者や観客に伝えるかを深く考えているからです。

それは面白い。

たとえばテレビのCMは，15秒とか30秒で商品やサービスをアピールしなければなりません。映像があるとしても，短時間で上手く伝わらないといけない。それに商品やサービスの売り上げにつながらないと失敗なわけですから，大変だなと思う。でも，そこにプレゼンテーションの極意があるように思うのです。

私の会社が提供する研修でも数分間のオリジナルドラマをよく使うのですが，プロの映画監督や役者さんに制作をお願いしています。たしかに，そこにはメッセージを伝える極意が満ち溢れていますね。

JR東海のクリスマスエクスプレスとかシンデレラエクスプレスとかには，新幹線を利用してみたくなっちゃう物語がありましたよね。ほかにもよいCMはあります。

ネタがちょっと古いから，読者がわかるか心配ですよ（笑）。

中澤 優子

Yuko Nakazawa

株式会社 UPQ 代表取締役 CEO

中央大学経済学部卒業。2007 年にカシオ計算機株式会社に新卒入社。携帯電話・スマホの商品企画部門に所属。ケータイカメラで満足のいく写真映りで人物が撮れる「美撮り」の企画開発など，プロダクトマネジメントに従事。その後，同社の携帯電話事業からの撤退をきっかけに退職。2013 年に自身のカフェを秋葉原にオープンする。2015 年 7 月に家電メーカー・株式会社 UPQ（アップ・キュー）を設立し，ガラス製の透明なキーボードや，モバイル e バイクなどを企画・製造・販売している。

Keywords
大事なのはプレゼン資料ではない　意外性　落とし穴を掘る　ストーリーを組み立てるコツ
相手の立場に立ってどう伝えるか

1　大学生のプレゼンテーションの問題点

大学でプレゼンテーションする機会は多いと思います。授業やゼミでプレゼンする機会もあるでしょうし、場合によって部活やサークルでもプレゼンすることがあるかもしれません。

最近はパワーポイントを使用してプレゼンテーションを行う学生も多く、一見するとプレゼン上手が増えているようにも思えます。きれいな背景を使い、アニメーションも多用して、凝ったパワーポイントをつくってくる学生は少なくありません。ただ、プレゼンが始まって5分も経つと、論旨がまとまっていなかったり、何をいおうとしているのかわからなかったりで、上手なプレゼンテーションとはいえないようになってしまいます。

プレゼンテーションは、自分が調べたことや自分が主張したいことを相手に理解させようとする行為です。伝えたい相手に内容を理解してもらわなければいけないのです。

ただし、会話やディスカッションをしているときは相互に話をして話の内容を理解していきますが、プレゼンテーションの場合には、一定の時間内に、自分から相手へ一方的に伝えなければなりません。それゆえ、プレゼンテーションでは、伝え方が下手だと、自分の伝えたいことが誤って伝わったり、まったく伝わらなかったりしてしまいます。

ところで、ある学生がゼミでプレゼンテーションをしたときの話です。ほかの学生に比べて意欲もあり、熱心に勉強する学生だったので、その学生のプレゼンテーションを楽しみにしていました。しかし残念ながら、あまり出来のよいプレゼンテーションになりませんでした。問題は、その学生の話し方にありました。話に句点がないのです。句点がないので、ダラダラと話し続けてしまい、結果として何をいいたいのか不明なのです。たとえば、こんなふうです。

「今日は外資系企業について発表したいと思うのですが、そもそも私は外資系企業で働きたいと思っていて、日本企業との職場の雰囲気や人間関係について違いがあるのかどうかが気になっているのですが、外資系企業の職場の雰囲気などについての文献がほとんど見当たらなかったので、どうして外資系で働いている人はそこで働きたかったのかについて発表します」

これでは、伝えたいメッセージが何なのか、よくわかりません。外資系企業で働く労働者について発表したい理由も、具体的に何を調べようとしているのかも、そして先行研究についても、すべて一文で話してしまうので、聞く側は混乱してしまうのです。さらに、みんなの前で話すので緊張していたのか、顔の表情に変化がなく、身振り手振りもありません。話すスピードもやや速く、聞き取りにくかったのも、影響しました。

では、どうしたら相手に伝わるプレゼンテーションになるのでしょうか。中澤優子さんに、プレゼンテーションのコツを聞いてみましょう。

2 プロフェッショナルに聞く 中澤優子さん

起業に至るまでの経緯

前川 最初に、UPQ（アップ・キュー）立ち上げの経緯について、お話しいただけますか？

中澤 私は、中学生のころから携帯電話を使っていて、ほかの「機械」と「ケータイ」は別物だと感じていました。ほかの機械は小難しく、冷たいイメージでしたが、ケータイだけは機械という枠を超えて愛着を持てる「温かいモノ」でした。ところが、そのケータイも進化を続けるうち、私が大学生になるころには、「小難しくて冷たい機械」に近づいていくように感じて残念に思っていました。どうにか「温かいモノ」であり続けられるように、との想いから、就職活動も携帯電話をつくっていたメーカーに絞って行いました。ただ、「携帯電話事業」は狭き門で、当時、文系の新卒が「携帯をつくる」部門に携わりたいといって開いている門戸は、営業のみだったのです。にもかかわらず、どのメーカーでも、「携帯の営業は法人営業だから、百戦錬磨の営業だけを選りすぐっているので新卒は配属できない」といわれ続けました。そんななかで、カシオ計算機だけは「やってみたらいいよ」っていってくれたのです。こうして、大学を卒業してカシオに入社しました。

2007年の入社当時、カシオの携帯電話は日立製作所との合弁会社で、カシオと日立の2ブランドを製造・開発していました。私は就職氷河期直後の世代だったので、最も年代の近い先輩でも、12～13歳上でした。入社直後に配属された部署で、一緒に机を並べて仕事するメンバーは、私以外全員40～50代でした。

前川　すぐ上の先輩がいなかったのですか？

中澤　そうですね。私を含めて文系は二人で、もう一人は、人事部に行った男の子でした。人事部でも営業部でも、相当久しぶりに採用された新卒だったと聞いています。

華やかだったいわゆる「iモード」[*1]時代を過ぎ、私が入社した2007年から、毎四半期の全社集会で「来年こそはV字回復」といわれて仕事となることが続いていたのですが、入社して3年経ったときに、さらにNECとの3社合弁体制での製造・開発が始まり、その2年後の

*1 NTTドコモの携帯電話（iモード専用端末）用インターネット接続サービス。

２０１２年末には、合弁も解消となって新規開発を中止するという判断が下され、最終的には、部門そして会社自体がなくなるという結果になりました。

私は、就活をしているときから、定年を迎えるまでケータイ業界でものづくりを続けるつもりだったのですが、それがたった数年で、できなくなってしまったのです。社員千人以上の会社が解散するというのはなかなか経験できないことで、「大企業でもこんなことが起こりうるのだ」と思い知ることとなりました。

前川　それは入社何年目ですか？

中澤　２００７年に入社して２０１２年の3月に会社がなくなっていますので、5年目です。携帯電話・スマートフォンは世の中からなくならないのに、つくれなくなるということが起こりうるんだと、そのときには自分の甘さも実感しました。自分の乗った「会社」という船は、なんだかんだで沈まないと思い込んでいたんです。会社の業績が傾いているなか、同僚たちが本やネットを見て、「アップル、グーグルのようなビジネスモデルにならなくてはいけない」といっていたのですが、それはできませんでした（笑）。アップル、グーグルになろうとすること自体が間違っているという私の意見は、通らなかったのです。みなが必死だったし、盲目的だったこともありますが、理解してもらうだけのチカラが私にも足りなかったと思っています。そういうなかで、「会社がなくなる」ということを経験すると、私たちの先輩たちが日本

１９９９年に発表され、とくに２０００年代前半に広く利用された。モバイルインターネットサービスの先駆的存在。

でやってきた「ものづくり」は間違っていたのではないかと愚痴る先輩たちも増えていきました。「どこで間違ったのだろう」「もう取り返しがつかない」「海外勢には敵わない」と、何度耳にしたかわかりません。

とはいえ、会社がなくなることがわかった以上、いつまでも嘆いていても仕方がないので、私もみなも、今後の身の振り方を考えるわけです。私は「企画」部門にいたので、他の携帯電話メーカーと転職の話をする機会もあり、「女性向けの商品企画をできる女性企画者がほしい」「今の状況を打破してくれる若い企画者がほしい」と、よくいわれました。でも、詳しく話を聞いてみると、どこも業績は厳しく、3年前のカシオと同じだと感じました。「これは2、3年後には部門や会社がなくなるな」と感じ、当時27歳の私が入社して2、3年後までにその会社を「死なない」ように変えられるかと考えました。どうしてもケータイ業界にはいたかったから、参画できる道を考えたわけです。ただ、どう考えても27歳の外部から来た第二新卒に毛が生えたくらいの「女の子」が、1年足らずで会社に軌道修正をかけられるとは思えなかったのです。悔しいけれど、当時の私では何も変えられないと自己評価をし、内定が決まる場所も辞退をしたんです。

そしてその2、3年後、本当に、お話をしてた部門がなくなってしまったんです。

前川　メーカーがほぼなくなった、ということですか？

中澤　はい。2017年秋にもニュースになりましたが、カシオ時代の「競合」といわれたメーカーにとって、とても厳しい状況です。

当時、私は、もう一度自分がハードウェアの世界に戻る日が来ると信じて、自身の企画者・プロダクトマネージャーとしてのスキルを鍛錬することのほうが正しいと判断しました。そこで、フリーランスとして働き、かつ、自分自身としての定点マーケティングができるようにしようという思いから、カフェを開業しました。

その後2014年末に、たまたま、カフェの近くで開催された「ハッカソン」というハードウェアのイベントに参加することになり、ハードウェアの世界に戻るきっかけを得たという流れです。

前川　ハッカソン？

中澤　いわゆる「電子工作」のイベントです[*2]。2014年ごろから流行り出していて、たまたま日程も合ったので行ってみたら、みんなが「ものづくり」をしに集まってきているのを目の当たりにしたのです。昔はメーカーにしかなかったような3Dプリンターなどの機材も、高いとはいえ、個人でも買えるような時代になった。個人単位で何かをつくって形にするということを、楽しんでやり始められる時代になってきたのを感じました。

私がカシオを辞めた2012年は、メーカーで希望退職制という名のリストラが立て続けに

*2　「ハッカソン」は、エンジニアやデザイナーが1日～1週間程度、集中的にプログラムの開発やサービスの考案などの共同作業を行い、その技能やアイディアを競う催し。hack＋marathon の造語。

起きていた時期で、各社数千人単位で人が辞めざるをえない状況でした。カシオ、日立、ＮＥＣのケータイ部門もその一つです。私がカシオに入社したときに「『ものづくり』って楽しいんだ！」と目をキラキラさせていたおじさんたちでさえも、辞めていくタイミングでは本当に死んだ魚のような目をしていました。でも、ハッカソンで「つくりたいものをつくれる」といって楽しんでいる人たちの目を見て、入社当時のみなを思い出しました。「もう一度楽しいものづくりに戻れるチャンスがあるかも」と感じました。

それで、「もう一度携帯電話をつくろう」と決めたのです。でも、つくりたいとは思っても、既存の携帯電話メーカーはほとんどがなくなっている。しかも、私の経歴は「カシオを辞め、フリーランスで、カフェのオーナー」となっているので、私を採用したい会社なんて世の中にはないだろうと思いました（就活はしなかったのですが）。

ただ、そのころに、「ＳＩＭロック解除」「ＳＩＭロックフリー」というキーワードが一般に浸透し始めていました[＊3]。私のカフェに来るお客さんも「格安ＳＩＭのほうがいいんじゃないか」みたいな話をしていて。私は、契約しているキャリアの店頭に並ぶ携帯電話から選ぶのではなく、自分の好きな携帯電話を買って、格安ＳＩＭなど自分が選択した通信会社のＳＩＭを使うという人が世の中に増えてくるぞ、と感じました。

それで、自分で携帯電話をつくれるかもしれないと考え、工場を探しに中国へ行ったんです

＊3　「SIMロック」は、携帯電話サービスを受けるために契約者情報が記載されたICカード（SIMカード）に関し、携帯電話事業者が、自社のカードが差し込

ね。私がカシオにいたころの中国では「大量生産すると安くなる」のがセオリーで、100万から200万台というロット[*4]でないとつくってはもらえなかった印象でした。ところが、2015年に中国の工場の最小ロットを聞くと、5000台。さらに、携帯電話以外の家電も、同じように小さなロットでつくれることもわかりました。各部品がモジュール化[*5]されて流通していて、それらを組み合わせて商品をいかに安くつくるか、品質を向上させるか、という時代になっていたのです。

私が一人で始めるとしたら、ブランド認知度ゼロからのスタートとなるけれど、チャレンジしてみてもよいのではないかと考え、中国の工場と連携し、とにかくモノをつくってみようと。それでUPQを立ち上げたというわけです。

バックグラウンドを話す

前川　起業された経緯が非常によくわかりました。ものづくりに対して強い想いを持っていらっしゃいますね。それから、市場や時代の流れを冷静に観察されていて、タイミングを見計らってジャンプされたことも、よくわかりました。

起業の経緯をお聞きできたので、本題に入っていきたいと思います。今のお仕事でプレゼンテーションが必要になるのは、どのような場面でしょうか？

まれた場合にのみ動作するよう端末を設定すること。2015年5月より、利用者が希望すれば原則これを解除することが義務づけられた。

＊4　生産・出荷の最小単位。

＊5　製品やシステムを構成要素（部品）ごとに規格化・標準化し、組み立て時のすり合わせ作業を軽減していくこと。

中澤　私がプレゼンする場面は、新しい取引先や販売員の人たちに製品ブランドを理解してもらうときや、新製品の発表をするとき、などです。その際、プレゼンテーションは、パワーポイントで資料をつくって、それを一生懸命披露する場ではない、と思っています。はじめてお会いして、はじめてこの製品・この企画についてを伝える相手の心をどうしたらつかめるか、そしてどのように引き込んで話を聞いてもらえるようにするか、ということが何よりも大事だと思っています。そのために、私が何を目的としてこの話を進めたいのかが相手に伝わるように、最初は関係ないと思われるかもしれないけれど、バックグラウンドを話すということをしています。そして、どこにポイントを置いたら相手に驚きを与えられるか、「こんな製品が出てきた」というようにビックリさせられるタイミングをどこにつくるかといったことを考え、それにつながるストーリーをつくるということをしています。

前川　なるほど。ただ、自分の目的やバックグラウンドを理解してもらうといっても、そういうことを話せる状況にはなかなかならないと思うのですが、どのようにされていますか？初対面の相手にいきなりバックグラウンドを話す状況にはなりにくいと思うのです。とくに起業されたばかりで、ブランドもまだまだない状況だと余計にそう思うのですが、いかがですか？

中澤　残念ながら聞いてもらえているんですよね（笑）。

前川　それはなぜだと思いますか？

中澤　たとえば、はじめて中国の工場に行ったときのことです。そのときの私は、メーカー名もない、ブランド名も決めていない、ただ「携帯電話をつくりたい」というコンセプトだけを持っている日本人でした。そういう状況で、メールやチャットでしかやりとりしていない方と、ある駅で待ち合わせをしていました。

相手は、日本人が来るということで、スーツを着たおじさんが来ると思っていたようなのです。でも実際は、リュックを背負ったジーパンとTシャツの女の子なわけです。しばらくして、その方が「どうもこの人のようだ」と思ったらしく、話しかけてきた。「あなたがＹｕｋｏですか」と。その顔からは、「本当にこの女の子がビジネスするの」という驚きが読み取れるんです。そうすると、何でここに来たのか、何をしたいのかという根本的な話をしなくてはいけない。最初から相手をいかに引き込めるかということですよね。「見た目だけで判断するなよ」と。

その結果、「どうしてもやりたいんだ」という話をすると、中国語しか話せない（中国の工場の）おじさんたちも「やってみるか」といってくれた。彼らの信頼を裏切らないためにも、きちんと製品を日本で売らなくてはいけないと思っています。

つまり、商品やプレゼンテーションする「内容」に、どれくらいの「想い」がこもっているかが大事かなと思っています。どれだけ話が上手くても、台本を読んでいるだけでは意味がないんです。相手の顔色を窺って、深い話をすることもありますし、違うアプローチで話をすることもあります。でも一貫して、自分が商品やブランドを心からよいと思っていることを伝えることが大切だと思っています。

孫正義さんへのプレゼン

中澤　時間が非常に限られたなかでプレゼンテーションをすることは、カシオ時代のほうが多かったと思います。たとえば、ソフトバンクの孫さん[*6]に2、3回ほどプレゼンをしたのですが、すごく時間が限られていました。各メーカーがソフトバンクにモデルを提案するわけですが、孫社長が全部見る。でも、孫社長の時間がないので、プレゼンの時間は3分しかありません。そういう状況のなかで、自分がつくった企画や端末がいかによいものであるか、そして相手にインパクトをどれだけ残せるか、ということだけを考えてプレゼンしていました。

そこで、本当は多くのことを話したいところ、あえて一つのことに絞って話しました。なぜかというと、その端末を気に入ってもらえれば、あとからいかようにも商品のことを調べてもらえるからです。

孫さんへのプレゼンでは、自撮り機能をそのまま説明しても理解してもらえないだろうと思

＊6　孫正義、ソフトバンクグループの創業者、現・代表取締役会長兼社長。

ったので、孫さんの頭をツルツルにした写真を撮ってあげたんですね。それで、「かわいくなったね」みたいなやりとりをしたんです。その携帯電話の大事な部分は、インカメラだということ、そしてかわいく撮れるということを、伝えたかったのです。結局、孫さんはそのプレゼンを覚えてくださっていたようで、端末は採用になりました。

このように、プレゼンテーションは与えられた時間に合わせて行わなければなりません。工場で相手が「うん」というまで帰らないプレゼンもあるし、3分しか与えられていないときのプレゼンもある。それぞれでプレゼンのやり方は異なります。

UPQとして、私は、この時代に「ハードウェアをつくって売る」という厳しい舞台になぜのぼったのかを伝えたいんです。でも、まずは、「中澤優子」「UPQ」というキーワードに着目してもらえるように、製品づくり、ブランディングをしています。深掘りすればするほど、噛めば噛むほど、味が出るように、と。

穴を掘る

前川　お話を聞いていてわかったことは、中澤さんが女性であることや若いことで、逆に相手にはインパクトとなって興味を持ってもらえて、次の話へとつながっていくということです

ね。それから、孫さんの場合はわずか3分のプレゼンでしたが、四の五の説明するのではなく、まずは携帯の価値を一瞬で感じてもらって、次の話につなげていっています。このように、中澤さんは最初のとっかかりを非常に重視しているように感じましたが、意識的にやっておられるのですか？

中澤　そうですね。最初がつまらないと「いつ終わるのかな」と相手に思われてしまいます。最初に興味を持ってもらえれば最後まで話を聞いてもらえ、こちらにグッと引き込めるんですね。

最近では講演依頼も多くいただくのですが、何を話そうか考えるとき、最初と中盤、そして最後を考えます。やはり最初に興味を持ってもらえる話でないと聞いてもらえないし、2時間の話などは途中でダレてしまうので、中盤のどこで面白い話をして笑わせるかを考えます。そして最後は、何が大事だったかを再度念を押す感じで終わらせるようにしています。

しかし、いっさい台本は持ちませんし、プレゼン資料もほぼ写真しか使いません。手もとにお配りする資料もありません（エコですしね）。

もしもっと写真が必要になったら、「携帯電話を持っていますよね。UPQと検索してみてください。こんなにたくさん画像が出てくるようになるとは最初は考えていなかったんですよ」といったりして、相手自身に見てもらうこともあります。大事なのは、相手と話をシェアすることです。私が一方的に話すのではなく、相手がどのような反応をするのかも理解しながら話を変えていくことをしています。

前川　話を進めながら相手の反応を見て、臨機応変に内容を変えていくことも意識しているということですね?

中澤　話の順番は変えますが、いいたいことはいいたい。そのために相手を見て、何の話をするかは変えたりもします。また、質疑応答の時間があれば、相手が質問できるように、話のなかにわざと穴を開けることもあります。本当はもっと聞きたいだろうというところを、わざと途中でやめたりする。そうすると、その話の続きを確実に質問されるので、その際にもまた一生懸命に話すことができます。その場合には、違うことも取り込んで話せます。だから、わざと話さないこともあります。

前川　最初から全部話してしまうと聞いてもらえない話もあるけれども、穴を掘っておけば質疑でより理解が深まるということですね?

中澤　落とし穴に落とすということですね。「こっちだよ」とエサで引っ張ってきて。それで落とし穴に相手が入ってきて質問されたら、「それはよい質問ですね」と続きの話を進めます。

たとえば、私の話を聞きにきている人の場合、「ベンチャーって、ハードって、厳しいよね」

「資金繰りはどうしたの」ということを絶対に聞きたいはずなのです。でもその点についてはあえて触れない。その代わりに、会社の売り上げは黒字化していて、起業して1年半経ちます、という話で終わります。そうすると、相手は「上手く回っているのはわかりましたけど、資金繰りについてはまったくわかりません」と質問してくる。それに対して私は、資金繰りについてはよく考えていて云々、という具合で話をしていくんです。そして、「こういうやり方をしているんですよ」と私がいうと、「そういうやり方もあるんですね」と、銀行やエンジェル投資家からお金を集めることだけが手ではないということを相手は理解してくれるんですね。私が何も考えずにイケイケドンドンで経営しているようにも見えるという方も多いので、苦労話だとか、こういう方法もある、といったことを話すようにしています。

阿部　もし相手が落とし穴に引っかかってくれなかったらどうしますか?

中澤　落とし穴に引っかからずに質問が出てこないこともあります。シャイな人が多いので。そういうときは、追加で話したかったことを話します。みんなが気になるであろうことを、たとえば「資金繰りの話は気になりませんか」などといって話すと、質問が出てくるようになります。それでも気にならないようなら違う話をしますけど。「今、私は子育てをしていますが子育てと仕事の両立についての話をしましょうか。時間がないのでどちらかを話します」のようにして進める場合もありますね。

ワードもエクセルも使えなかった?!

前川　本書は大学生と若い社会人を読者対象にしているのですけれども、中澤さんのプレゼンテーションの話は高等テクニックです。話す順番を相手に応じて変えるとか、落とし穴を掘るとかは、かなり場数を踏んだうえで身についたテクニックではないかと思いました。中澤さんはそれらのことを若い段階で身につけていらっしゃったのですか？　そして、若い人たちはどのようなトレーニングをすればそれらを身につけることができますか？

中澤　孫社長のツルツルのきれいな写真を撮ったのが1年めのときでした。ですので、昔からあまり変わらない考えだと思います。

学生のときや若いときほど、相手にバカにされて話を聞いてもらえないものです（話すほうもそう感じてしまいがちです）。だから、いかに相手の心をつかむかが大事だと思っていました。「こいつは何をいい出したんだ」と、相手の心をつかんで、引っ張ってくるような「爆弾」を随所に投げることが何よりも大事だと思います。

一生懸命にプレゼン資料をつくる人が多いですが、それは大事なことではないのです。手もとの資料として相手に持っていてもらいたいのならつくるべきだとは思いますが、たとえばウェブ上に公開できるのならばそれで済んでしまいます。プレゼンでは、自分を見てもらい、自分のいうことを聞いてもらうように意識しないといけません。プレゼン資料を配ってしまうと、資料ばかり見て、スクリーンや自分の顔を見てくれません。自分の発表を聞いてもらうためには、資料に書きすぎないことが大事で、要点だけ示す。

相手はメモをとるはずです。プレゼンの内容を理解してメモしてもらわないと、相手には何も得るものがないと思います。資料があると、聞いている人は安心して「あとで読めばいいや」となって、プレゼンを聞いてくれなくなってしまいます。

ただし、インパクトのある言葉や写真だけは、資料として準備したほうがいいと思います。注目を集めて自分の話を聞いてもらうところに至らないと、資料もただの紙切れになってしまうので、その点には注意したほうがいいと思います。

前川　中澤さんも社会人1年めはきれいな資料をつくっていたのでしょうか？　それでいろいろ失敗したりしたなかで、お話しいただいたセオリーにたどりついたということですか？

中澤　私はパワポもワードもエクセルも使えない状態で入社しています。手書きで卒論を書きましたし、エントリーシートも手書きの場合もありました。

パワポでどうやってアニメーションをつけるかといったことも知りませんでした。営業部で40代の先輩たちがつくっていた、アニメーションを使ったド派手な色合いの資料や、デザイナーがつくる、写真と文字だけをスッとシンプルにまとめた資料など、いろいろな人の資料やプレゼンを見て、学んだんです。どちらにも長所短所があって、どうやって使い分けるべきかと試行錯誤し、今のスタイルを確立しています。

メディア向けのプレゼン

前川　メディア向けのプレゼンに絞って伺いたいと思います。メディアに向けて、自社や自社の製品の情報を広げていくために行うプレゼンは、普通のプレゼンとは少し違うと思います。何か気をつけていることや、今までの成功・失敗談があればお話しいただきたいと思います。

中澤　メディア向けの新製品のプレゼンの場合、メディアの方々をまずは驚かせたいという気持ちがあります。彼らに「ＵＰＱが何かをしでかすんじゃないか」と感じてもらいたいのです。ＵＰＱを立ち上げた直後に行った最初のプレゼンでも、「ＵＰＱって何だろう」という状態で来ていただいたので、彼らには非常に面白いプレゼンだったと思います。どうして文系の女性がベンチャーを立ち上げて、どうして24製品も同時に発表したのかと感じてもらえた発表会だったと思います。製品の説明も一つひとつ丁寧に説明するわけではなく、「私は以前、携帯電話のメーカーにいたんですよ。それでこういう携帯電話をつくりました」と、1商品当たり1、2分の簡単な説明を24商品でやりました。実際のところ商品の説明を丁寧にしてもしょうがないと思っていたので、製品紹介のほかに私のものづくりへの想いや企業理念を説明して、あとは実際に商品を触ってもらうことにしました。プレゼン自体は非常に短いものでした。

前川　一貫しているのは「最初の驚き」ですね。意外性といってもいいのかもしれません。それで最初に興味喚起をして、その後の話につなげていますね。

ところで、数分程度のプレゼンであれば、インパクトを与えたり、次の話が気になるようにすればいいとのことでした。その一方で、その後の構成はストーリーがしっかりしていなくてはいけないともおっしゃっていましたね。ストーリーを組み立てるときのコツや意識していることはありますか？

中澤　ちゃんとした理由があって商品がつくられていることや、人々の必要性に合わせて考えてつくられているといった、商品への想いは必ず話すようにしています。要は、せっかく時間を割いて話を聞きにきてくれているのだから、相手が調べればわかるようなことや知っているようなことを話して、私が話している風景を見にきただけのような状況にはならないようにしたいということです。そのためにも、深掘りした情報を提供したいと思っています。開発の裏話を話したりして、相手に「そんなこともあったのか」と思ってもらえれば、興味を持ってもらえます。それに、よりいっそうサービスや商品への興味を深めてもらえるのではないかと考えています。

前川　情報を深掘りするとか裏話の具体例はありますか？

中澤　たとえばＵＰＱの製品発表のときに、「第1シーズンが終わって、どれくらい売れたのですか」「何が売れ筋ですか」ということを質問されることがあります。

そうした質問に対して、「携帯が売れているのは当然ですが、そのほかにディスプレイも売れています。不思議なことにキーボードも売れています。じつは正直なところ透明なキーボードは売り切れるほどのニーズはないと思っていました。売れたとしても一部の人に限られると考えていました。でも今の時代、タブレットは直接タッチして入力するので、以前よりも慣れている人が多いという状況があります。未来感のあるビジュアルで面白い商品になるのではないかと思って開発しました。ソフトはきちんとチューニングしていますし、キーの幅は大きいし、キーの角度もつけているから、見た目から想像するよりも使いやすいと思います」と話したことがあります。聞いている人は「なるほど」と思ってくれました。

さらに続けて「中国のメンバーが、『このキーボードはＵＰＱのブランドで出すものだから、私たちも一生懸命つくります』といってくれています。そして、私の知らないところで非常に頑張ってくれていました。どういうことかというと、透明なキーボードはタッチパネル

◀ UPQのガラス製タッチキーボード（写真提供：株式会社UPQ）

をガラスの間に挟んでつくるのですが、あるとき非常に小さい気泡がロゴの場所に入ってしまったらしいのです。そういうものが割りにあったようなのですけど、出荷前に彼らが自分たちの判断で自己負担してつくり直してくれていたんですね。

どうしてそのことがわかったかというと、出荷前に彼らから『出荷日を1日だけ遅らせてもらいたい』という連絡が入ったのです。予定日から遅れる理由を問い合わせると、『小さい気泡が入っているのが見つかったけど、UPQの商品の品質維持のために、1週間前からつくり直している。それで、どうしても間に合わない』という返事が来ました。

出荷が1日遅れることは問題なかったですし、事前に相談してくれればよかった。けれども、彼らは中国でつくっている製品だけれども、UPQが日本で売る以上は日本品質でなくてはダメだと考え、一生懸命つくってくれました。販売を始めて1年半経っているけれども、不良品一つ返品されていません」ということを話しました。

こうした話をすると、現地の人が一生懸命にものをつくっていて、つくっている人の顔も相手には見えてきますよね。そうすると、もっともっと興味を持ってくれます。中国の人がつくると安かろう悪かろうになることもありますが、プレゼンしている私から一生懸命にちゃんとつくっていることや現場の声を伝えることで、記事のなかで中国製に対する誤解がなくなったり、中国でのものづくりを評価したりといった、よい結果が生まれます。

前川　今の話も非常にリアリティがありますね。つくり手のプロセス、裏話、エピソードがわかって、さらに共感性も高いです。

驚きを与える

阿部　非常に勉強になる話ですね。

私も講演しますが、私の場合は専門家としての話を期待されています。なので、落とし穴を掘ることができない。それをつくってしまうと、専門家なのに何も知らない人だと批判されてしまいます。これは私と中澤さんでプレゼンのあり方に対する考えが違うところです。

でも共通する点もあります。聞き手を驚かせようとか、笑わせようという点です。そうしないと、中澤さんもおっしゃっていたように、最後まで聞いてもらえない。その意味で、驚きや笑いは大切です。

ところで、中澤さんは事前にストーリーを考えているときに、自分の「想い」を伝えると話されていました。でも、驚きを伝えるためには、「想い」だけではなく、別のことも考えてストーリーを構成しているのではないかと感じています。たとえば、聞き手はどういう状況にあるのか、どこまで知っているのか、といったことです。

中澤　みなさんの持つＵＰＱに対する固定観念は明確です。たとえば「中国でのものづくりは厳しいだろう」「ベンチャーは儲からなさそう」「ハードウェアは厳しそう」というイメージに加えて、「文系で大丈夫か」「本当にできるのか」といった絶対的にマイナスのイメージです。そのため、相手からは、（自分だったら）本当に心配で踏み出せない、という意見が出ることが事前に想定されます。その意見に対して「こういう考え方ややり方があるんだよ」とプレゼンで示すことが、聞いてくださる人には勉強になり、刺激になる部分ではないかと思います。

製品のプレゼンについては、他社のプレゼンではやらないようなことも考えます。あえて、他社が常識的にしているようなプレゼンではない構成にします。たとえば先ほどの話で、孫さんのプレゼンのように写真一枚でプレゼンをやるなんて、失礼にもほどがあると思いますよね。でも、内容を一点に絞って話をするという工夫をして、みなさんが普通だと思っていることを変えてあげることで、驚きというか、ほかのやり方とは違うインパクトを与えることができると思っています。

阿部　そのやり方はリスクが高いのではないですか？

中澤　そうですか？　普通にやっても通らないことが多いので、そうであればよさを伝えるのに一番適したのはこのやり方だと、私は思っています。

たとえば就活の面接を考えてみます。みんなが似たようなリクルートスーツを着ているなかで、どうすれば自分を目立たせられるかと、当時の私が考えていたことを今思い出しました。

大学2年生のときに、3年生のふりをして1年間就活をしたことがありましたが、当時は就職氷河期だったので、誰もが面接で同じことを話していました。みんながサークルのことを話していたのです。同じ内容の話ばかりで、違うのは大学だけだ、と思って聞いていました。自分が何をしたいのかということも、人事の方もそんなに見てくれていないと感じていました。本当の就活のときには、面接ではどういう話をしたら、自分のやりたいことに結びつけることができるのかを考えて就活をしていました。

前川　2年生のときに、3年生のふりをして、採用面接を受けていたということですか?

中澤　そうです。誰も調べない。「免許証を見せろ」とかいわれることもありません(笑)。内定をもらうまで、大学の書類も出さなくていいわけですし。最終面接まで受けたこともあるんですよ。私の場合は大学に通いながら、将来自分の働くべき場所を探すということを一番の命題にしていたわけで、そういう手法をとりました。

阿部　就活のときにはどのようなプレゼンをしていたのですか?

中澤　3年生の就活のときには、「携帯電話しかつくりたくない」「携帯電話に携われる部署にしか行きたくない」と思っていたので、携帯電話のメーカーしか受けていない状況でした。面接では「白物の営業は嫌です。携帯の事業部でなければ嫌です」という。すると、「そこは新卒は入れないんだよ。百戦錬磨の営業の人しか行けないんだよ」といわれる。

「私は携帯電話の販売員をしていました。大学の単位はほとんど取得済みなので、現在はほぼ派遣社員のように仕事をしています。どのメーカー、キャリアの携帯も売りましたし、売り切り方もわかっています。市場の声は必要ではないですか。キャリアを通さないとものを売れないわけですよね。私は生の声を知っていますよ」と返します。
カシオは「面白いね」といってくれたわけです。

自分の立場を客観視する

前川　最後に、読者へのメッセージがあればお願いします。

中澤　人と話をするときは、一度、自分の立場がどのように見られているかを客観視することを、ぜひすべきだと思います。たとえば「自分は若いし、女性だし」ということをわかったうえで、どういうことをいえばギャップがあり面白いか、「お前はおじさんのことがよくわかっているじゃないか」となるのか、これは媚びを売るというわけではなくて、「よく考えているね」という、「かわいいね」というのと逆のパターンもあるわけですね。一度、自分の立場を客観視することが何よりも大事で、人生の先輩方はくだらないことをいう人もいますが、やはり経験を積んでいて学ぶべきところはたくさんあるので、尊敬しろとまではいいませんが話を聞く価値はあるかなと思います。きちんと相手の話を聞きながら、自分の立場を考えて発言するのが大切だと思います。

3 インタビューからの学び

プレゼンテーションもコミュニケーション

中澤さんのお話、参考になりましたか。

相手に話の目的を理解してもらうためには、まず興味を持ってもらうことが大事だと、中澤さんはいっていましたね。一般的に、聞き手とコミュニケーションをとろうとするときに、たんに情報を伝達するだけでは上手くいきません。私たちは情報を共有するだけでなく、じつは相手と互いに共感しながら心理的な場の共有も行っているのです。共感することで、よりコミュニケーションが進みます。そのために、中澤さんは自身のバックグラウンドを話したり、驚きを強調したりという工夫を行っていました。それによって聞き手の共感を得ようとしているわけです。

また、情報を言語だけで伝達するだけでなく、顔の表情や身振り手振りといった非言語コミュニケーションを利用することも、共感を得るためには大事です。私たちのインタビュー中も、中澤さんは表情豊かに説明をされていました。みなさんもプレゼンテーションをする際には、ぜひ表情豊かに、そして身振り手振りを使って、相手に話しかけてみてください。

さらに、私たちはコミュニケーションを通して相手の行動を制御したりもしています。通常は、こうしてもらいたいと要求したり、こうしなさいと指示をしたりして、相手の行動を直接的に制御します。プレゼンテーションの最中も、たとえば「お手もとの資料を見てください」などの指示をすることがありますね。

でも、このように直接的に相手に要求したり指示しただけで、相手の興味を引くプレゼンテーションになるわけではありません。むしろ、直接的な要求や指示をせず、暗黙に興味を引くやり方があります。中澤さんが話していた「落とし穴」がそうです。相手がわざと曖昧な話をしたり、話の一部を内緒にしたりされると、私たちは明確でちゃんとした話を聞きたくなりますよね。知りたい、聞きたいという気持ちが高まるのです。中澤さんのように「落とし穴」をつくらなくても、話の合間に「どうしてこうなるのでしょうか」というような疑問を聞いている相手に投げかけてみるのも、相手の興味を引くためのよくある方法です。プレゼンテーションも一種のコミュニケーションですから、たんに自分の情報を伝達するだけでなく、相手とのコミュニケーションを楽しむつもりで準備することが大事です。

最後に、プレゼンテーションには時間的な制約があることを忘れてはいけません。中澤さんの場合は、たった3分で商品の特徴を伝えなければならないこともありました。そのときでも、3分以内で何をどう伝えるかを深く考え、もりだくさんの伝えたい情報を削ぎ落とし、相手の興味を引くことに成功しています。相手に興味を持ってもらえれば、その他の詳細についてはあとからでも自身で調べることが可能なので、本当に大事なことだけを伝えればよい、ということなのです。

プレゼンテーションの相手や場所、そして時間など、さまざまな状況を考慮したうえで、具体的なプレゼンテーションの内容を考えることが大事です。

4 ビジネスシーンへの発展

自分のなかに強い想いがあること

大学でもゼミでの発表などでプレゼンテーションに苦労した人も多いと思いますが、社会人になるとさらにプレゼンテーションの機会は増えていくでしょう。営業職としてお客さまに自社商品やサービスを説明する、技術職として他部門やパートナー企業に解説をする、事務職として上司に決裁を仰ぐ、人事・総務職として社内で説明会を開く、等々。工場のラインで定型業務に向かうブルーカラー職が多かった時代と異なり、みなさんが羽ばたいていく社会は、サービス職やホワイトカラー職が増えており、仕事をしていくうえで、業種や企業によってその頻度や形態はさまざまあれども、プレゼンテーションは切っても切り離せないものになっています。

　中澤さんも指摘していますが、パワーポイントの美しさなどの表現ツールやテクニックは二の次です。プレゼンテーションにおいて、何よりも大切なのは、自分のなかに伝えたいことがあることです。問題意識を持ち、これは何とかしなければならない、または何とかしたい、と「自分ごと化」した、強い想いがあることが欠かせません。この強い想いがあると、おのずと自分の言葉で伝えられるようになります。他人からの受け売り、借りものの言葉では、相手に響きません。自分の言葉だから、相手に届きやすくなるのです。たとえば営業職として、お客さまに自社商品やサービスを説明する場合、その商品やサービスへの強い想いやこだわりがなく、たんに上司や先輩から教えられた営業トークを読み上げるだけでは、お客さまは話を聞いてくれないでしょう。強い想いがないのに、美しい資料だけつくってみせても、誰にも響きません。プレゼンの土台は、強い想いなのです。

自分に強い想いという土台があったうえで、プレゼンを成功させるために重要な技術は3つあります。1つめは、**伝えたい内容を絞り込む**ことです。いかに自分のなかに強い想いがあり、伝えたいことがあったとしても、あれもこれもとすべてを伝えようとすることは有効ではありません。伝えるポイントを絞り込むことです。中澤さんも、内容を一点に絞ること、プレゼンテーション資料は写真一枚だけなど最低限にする大切さを語ってくれました。

なぜ、絞ることが大切なのでしょうか。それは、自分がいかに強い想いを持って伝えたいことが多々あったとしても、伝える相手は自分ほどは、それらの内容について関心を持たない場合がほとんどだからです。また、相手が関心を持ってくれる内容があったとしても、たくさんの情報のなかに埋もれてしまっては気づいてもらえません。いかにたくさん伝えたいことを並べ立てても、相手に伝わらないのであれば、プレゼンテーションは意味をなさないのです。だから、伝えたい内容を相手が受けとめてくれるであろうレベルまで、絞って絞って絞り切ることが重要なのです。

私（前川）は、前職で雑誌やウェブサイトの編集長をしていましたが、毎号一番頭を悩ませていたのは、特集や記事のタイトルです。読者に伝えたいことは多々あるけれども、全部並べても誰にも届かない。だから、できるだけ短いタイトルに絞り込むために考え尽くしていました。今は企業経営のかたわら、本もたくさん書いていますが、いつも担当編集者さんと頭を悩ませるのはタイトルです。みなさんも電車内吊り広告のタイトルで雑誌を読もうとしたり、インターネットで記事を読む際にも、タイトルを見て一瞬でクリックするかどうか判断しますよね。さまざまな世界のプロフェッショナルが短い時間で自身の想いを伝えるTEDの代表兼キュレーターであるクリス・アンダーソン[*7]も、著書『TED TALKS』[*8]で、プレゼンテーションの極意として「的を絞ることで、インパクトは格段に強まる」と述べています。

相手への思いやり

2つめの技術は、**プレゼンテーションする相手への思いやりがこもっている**ことです。伝えたい内容が絞り込まれても、それが自分本位で相手のためにならないものでは受け入れてもらえません。営業職として自社製品やサービスの説明に躍起になっても、お客さまが困っていたり悩んでいたりする課題の解決につながらないのであれば、それは単なる売り込み押し込みで嫌われてしまうでしょう。中澤さんもプレゼンの際に、相手が何を期待しているのか、考え抜かれていましたよね。

これまでたくさんの営業職の仕事ぶりを見てきましたが、会社にこもって立派な提案書づくりに精を出している人ほど売れず、四六時中お客さま先に出向いている人ほど、提案書など書かなくても売れる傾向がありました。売れない営業は、お客さま先でやたらと資料を並べ立て、

＊7
Chris Anderson，イギリスの起業家。主宰する非営利団体TEDは、“ideas worth spreading” という理念のもと，「TEDカンファレンス」という講演会を開催するなどしている。

＊8
クリス・アンダーソン『TED TALKS――スーパープレゼンを学ぶTED公式ガイド』日経BP社，2016年。

売れる営業はほとんど資料を並べないともいえます。売れる営業は、相手の状況をしっかりと把握し、多々ある自社製品・サービスのうち、本当に役立つものだけを適切なタイミングで提案しているのです。これも、お客さま先で先方の相談に乗ったりできる支援を続けているから、相手に思いやりの姿勢が伝わり、かつ本当に困っている課題への処方箋を提案することができるからでしょう。

わかりやすいストーリー

３つめの技術は、**ストーリー立ててプレゼンテーションを組み立てる**ことです。いかに素晴らしい内容であっても、話があっちに飛んだりこっちに飛んだりしていては、相手は混乱してしまいます。持ち時間を意識して、そのなかで、起承転結を考えるなど順序立てて組み立てることが大切です。

たとえば、みなさんも歴史の勉強をする際に、教科書で歴史的事実と年号を暗記するのに苦労した人も多いと思います。ところが、同じ歴史なのに、歴史小説などを読むとグイグイ引き込まれて自然と歴史的事実が頭に入り、その情景すら浮かび心に残ったという経験をしたことはないでしょうか。これも、ストーリーの力です。中澤さんも、最初のインパクトに始まり、わざと「落とし穴」を掘って、最後の質疑応答で理解を深めてもらうなど、周到なストーリーをつくっていました。

少し前の話になりますが、理想的なプレゼンテーションとしてインパクトがあったのは、2020年の東京オリンピック招致を決めた日本チームのプレゼンテーションではないでしょうか。ここでもストーリーの重要性が学べました。当初から招致委員会に参加し、決め手となった最終プレゼンテーションを執筆したコンサルタントのニック・バーリーは、話し手の順番や役割など緻密にストーリーを設計しています。パラリンピアンの佐藤真海さんが「スポーツのパワー」を訴え、竹田恒和理事長が「ビジョン」を示し、水野正人副理事長が「経済的な効果」と「過去の最良な点からのさらなる改善」を説明、猪瀬直樹都知事や安倍晋三首相が「信頼できる東京・日本」を約束、滝川クリステルさんが「クールな東京」を伝え、オリンピアンの太田雄貴さんが「アスリートとしての支持」を表明、最後にもう一度竹田理事長が「ビジョン」で締める、という具合です。[*9] いかにストーリーが大切かわかりますね。

＊9 ニック・バーリー『日本はこうしてオリンピックを勝ち取った！ 世界を動かすプレゼン力』NHK出版、2014年。

共感を呼ぶ情熱

さて、社会人になるとより求められるプレゼンテーションの3つの技術を説明してきましたが、これらを通じて、何を目指すのでしょうか。プレゼンテーションの目的は、相手の共感を得ることです。いかにストーリー立てて、立て板に水のプレゼンをしたとて、聞き手に反感や不快な感情が残っては、そのプレゼンテーションは失敗です。「そうそう、そのとおり」と相手の心がポジティブに動いてこそ、成功といえます。仕事柄、私自身が講演することも多いのですが、一方でさまざまなリーダーの講演を聞く機会も多々あります。素晴らしいプレゼンテーションを聞くと、ワクワクした気持ちになったり、あまりの感動で涙腺が緩むこともあります。これを私は、「共感を呼ぶ情熱」と定義しています。ここまで相手を感動させることができれば、大成功です。

もちろん、最初から上手くいくわけではありません。私の営む会社では、企業の幹部や経営者向けに、社員を鼓舞し士気を高めるためのプレゼンテーショントレーニングも手がけています。みなさんからすると雲の上にいるリーダー層ですら、技術を磨く努力を続けているのです。

一方で繰り返しになりますが、技術だけで共感が得られるものではありません。むしろ、拙い話し方や言葉足らずであっても、聞き手の共感を勝ち取る場合もあります。そこには、やはり、さまざまな修羅場や挫折や試練から逃げることなく乗り越えてきたからこそ抱く本気の想いがあるのです。こうした自らの経験から湧き上がってくる想いがあってこそ、プレゼンテーションの技術も活きてくるのです。つまりプレゼンテーションの上達は、リーダーシップ開発と表裏一体ともいえます。最初から完璧を目指すのではなく、少しずつ経験を積み、リーダーに成長していきながら、技術も磨いていきましょう。

第5章 自分の考えを伝える技術

私たちはお互いに書くことを仕事にしていますよね。他人に自分の考えを伝えるのは，どんな方法でも難しいものですが，書いて伝えるのは，目の前の相手に話して聞かせるのとはまた別の難しさがありますね。いつもどうすればよいのかと，頭が痛い。自分が考えていることを勝手に書いてくれるAIとかディープラーニングとか，早くできるといいなと思っています（笑）。

それができたら，仕事がとても楽になりそうですね（笑）。人材育成という形のないサービスを提供する仕事をしているため，考え方をいかに書いて伝えるかにはいつも頭を悩ませています。書くことは本当に難しいですね。どんな仕事に就くにしても，社会人になるといろいろと書かなくちゃいけなくて，大変ですよね。

前川さんは雑誌の編集長をされていたから，余計にそうなのでは。

起業して編集長じゃなくなってからも，営業の仕事で書いていますよ。経営者としても，お客さまや取引先や社員宛てに毎日何かしら書いています。社会人になる前に，書く技術の基礎を身につけておくといいとつくづく思っています。

自分の考えを伝えるプロフェッショナル

山根一眞

KAZUMA YAMANE

ノンフィクション作家，獨協大学経済学部特任教授・環境共生研究所研究員

究極の書類整理法「山根式袋ファイルシステム」などを伝えた『スーパー書斎の仕事術』（ビジネス・アスキー，のちに文春文庫）が新しい個人のための情報整理法として大きな話題を集めて以降，システム手帳を日本に普及させることになった『スーパー手帳の仕事術』（ダイヤモンド社）など，20 冊を超える「情報の仕事術シリーズ」で大きな支持を受ける。また，デジタル時代の到来を予言し，日本では最も早くインターネットによる仕事術を指南するなど（『マルチメディア版 情報の仕事術』上下，日本経済新聞社），「ユーザーの立場」で情報通信技術や機器に対し忌憚のない意見の執筆や発言を継続し，「モバイルの開祖」といわれた。『日本経済新聞』で 10 年以上続いたコラム連載「デジタルスパイス」は，『賢者のデジタル』（マガジンハウス）として出版。「山根一眞の調べもの極意伝」（小学館 Web 日本語），「山根一眞のポスト 3・11 日本の力」「山根一眞の『よろず反射鏡』」（以上，日経ビジネスオンライン）などのネット記事連載も担当。「モバイル」が広く普及したことを承け，その文化的な影響をテーマにしたノンフィクション作品も準備中。講演や大学講義，シンポジウムでは MacBook Pro を駆使し，映像，写真，サウンド，そして「現物」を多用して「眠くなるプレゼン＝パワーポイント」をいっさい排除したダイナミックな PC 表現で聴衆を惹きつけている。

Keywords　アイディアを整理する方法　話して伝える技術　言葉を介さずに伝える技術　書いて伝える技術　オリジナリティ　相手の立場に立って伝える重要性　比喩

1 大学生のコミュニケーション能力

本章では、自分の考えを伝えるための、話す技術と書く技術を学びます。相手の話を聞くだけでなく、自分の考えを相手に間違いなく正しく伝えることができなければ、上手なコミュニケーションとはいえません。第**2**章でも伝言ゲームのことに少し触れましたが、伝言ゲームでは最初の人の話と最後の人の話は必ずといっていいほど内容が違います。伝言している間に話し手と聞き手との間に誤解が生じてしまうからです。このようになるのは、前の人の話をしっかり聞いていなかっただけでなく、相手に正しく伝わるように話していないからでしょう。

みなさんも、自分の考えなど伝えたいことが、相手に上手く伝わらないことがたびたびあるのではないでしょうか。どんなケースで相手に上手く伝えることができなかったかについて、考えてみましょう。

ところで、自分の考えを相手に伝える方法としては、以下の3つが代表的なものではないでしょうか。

① 身体や顔の動きで伝える

② 話して伝える

③ 書いて伝える

①は、たとえば刑事物のドラマや時代劇などで犯人や敵が潜んでいるときに味方に何か伝えたいときによくやっていますよね。また、みなさんも気心が知れた仲間同士で無言の合図を送ったりするときがあると思います。以心伝心[*1]という言葉もあるように、古今東西、身体や顔の動きだけで考えを伝えるということを人間はしてきていますが、これだけで自分の考えを確実に伝えられるというケースはかなり限られているのではないでしょうか。

通常の場合、自分の考えを確実に伝えようとするとき、私たちは②や③を用いるはずです。ただし、場面や相手によって、これらを使い分けているはずです。

まず、相手との（物理的な）距離の違いがあります。同じ空間にいて相手と直接会える場合には口頭で考えを伝えるのが一般的です。相手とすぐに会える距離にいるときに、電話や電子メール、あるいはSNSで伝えるということは、普通はしません。そういうことばかりしていたら、変人扱いをされてしまうかもしれません（最近はこういう人が増えているという話もありますが……）。しかし、すぐに会うことが難しい相手に、電話や手紙、あるいは電子メールや

*1 （1）〔仏〕禅家で、言語では表されない真理を師から弟子の心に伝えること。（2）思うことが言葉によらず、互いの心から心に伝わること（『広辞苑』による）。

ＳＮＳを用いるのは自然なことです。

また、場面によっても伝え方は違ってきます。たとえば友達との遊ぶ約束とか指導教員に対する面会のお願いなどは、メールやＳＮＳで伝えても大きな問題はありません。一般的にカジュアルなお願いの場合は、メールやＳＮＳで伝えても問題ないと考えられています。ですが、重要なお願いをするような場合は、直接会って伝えることが望ましいと考えられています。たとえば、就職の推薦文を書いてもらうお願いや、迷惑をかけてしまった相手にお詫びをするような場合は、相手に直接会って話したほうがいいでしょう。なお、授業やゼミでプレゼンテーションするような場面でも伝え方は違ってきますが、これは第**4**章でも学びました。

さらに、自分の考えを伝えたい相手がどういう人なのか、相手は何人いるのか、によっても違ってきます。たとえば帰り道で友人の一人と一緒になったような場合ならば、その相手一人に理解してもらえるように話せばいいのです。しかし複数の友人と話す場合なら、みなに理解してもらえるように話さなければならないでしょう。

さて、以下では自分の考えを相手に伝える技術について学びます。話す場合ももちろんですが、とくに書いて相手に何かを伝えるためには、相手がそれを理解しやすいように、伝える内容を整理する必要があります。さらに、相手が理解しやすくなるような話し方・書き方があります。それぞれの技術について教えていただくために、ノンフィクション作家の山根一眞さんに、もう一度登場していただきましょう。

2 プロフェッショナルに聞く　山根一眞さん

アイディアを整理する

阿部　自分の考えを伝える技術について、お聞きしたいと思います。まず、話をしたり書いたりする前にアイディアの段階があると思うのですが、その段階ではどんなことに気をつけていますか？

山根　ノートにチャートを描いて、アイディアを整理しています。たとえば、

この前「はやぶさ2」の本[*2]を出版しましたが、それを書くためにつくったチャート図がこれ（写真）です。1枚の紙になかなか入り切らなくて、どんどん描き足していますが、これはバージョン14かな。

このチャート図には、はやぶさ2のミッションが全部入っています。プロジェクトマネージャー、エンジニア系、科学者などの役割や関係を整理しています。右端は、はやぶさ1の簡単な経緯で、その経験がはやぶさ2でどういうふうに活かされたかの関連がわかるようにしてあります。つまり、はやぶさ2のことすべてを図解したのです。

▲「はやぶさ 2」のチャート図

*2 山根一眞『小惑星探査機「はやぶさ2」の大挑戦――太陽系と生命の起源を探る壮大なミッション』講談社ブルーバックス、2014年。
「はやぶさ2」は、小惑星探査機「はやぶさ」（第20号科学衛星MUSES-C）の後継機として、宇宙航空研究開発機構（JAXA）で開発された小惑星探査機。

人間の頭は非常に優れていますが、情報の整理は「外化」したほうがよりわかりやすく、発見も多いんです。そのため、こういう図解をよくしています。

アイディア整理には数多くの方法がありますが、学生時代からずっと続けてきたのが、梅棹忠夫さんの『知的生産の技術』[*3]で紹介されている「こざね法」です。小さなカードをつくり、自分が得た、あるいは考えたことを、カード1枚につき1件ずつ書き出す。今ならポストイットに書いてもいいですね。書き終えたらカードをバラバラにして、ジャンル別とか内容別に仕分けしていく。仕分けしたそれぞれに、さらに順序をつけていくことで、きれいな体系ができ上がります。

阿部 階層化していくわけですね。

山根 そのとおりです。階層化して、ツリー構造をつくっていく。テレビの大型ドキュメンタリーの構成づくりも、この方法でやっていますね。

大きな板が立ててあり、そこにメモを書いたポストイットを貼りつけていました。ロケで撮影した映像、加えたい解説を、小さなテーマごとにポストイットに書き、議論しながら貼っていくんです。こうして番組全体の構成をつくり、編集するんです。

小さなカードでいいんです。私は学生時代のレポートも、「こざね法」でやっていました。今は、そういうことが頭のなかでできるようになっちゃって、カードを使わなくとも自然と頭

＊3　梅棹忠夫『知的生産の技術』岩波新書、1969年。梅棹は、民族学者・比較文明学者、1920-2010。

で整理できますが、大型ノンフィクション作品に取り組んでいる最中は、寝ているときに夢のなかでもやっていることがありますね。

阿部　最初から頭で階層化しているのですね。でも、それは初心者には無理ですよね。やはりカードやポストイットを使ったほうがいいですか？

山根　最近は、パソコンで同じようなことができる、マインドマップというソフトウェアもあります。慣れていない人はそれでもいいかもしれません。マインドマップのいいところは、まず、思いついたこと、調べたことなどを、ひたすら箇条書きにしたあとで、それらをソフトウェア上でつなぐと図解してくれる点です。

とはいえ、マインドマップにも限界があるので、私自身はパソコン上で画像ソフトのフォトショップを使って描いているのですが。

話して伝える

阿部　自分の考えを伝えるときには、話して伝えるという方法と、書いて伝えるという方法があります。どちらの方法も基本は一緒だろうと思っているのですが、どうでしょう？　まず、話して伝える方法について、山根さんが注意している点などを教えていただけますか？

山根　簡単にいうと、伝えている最中に相手が居眠りしたらいけないわけですよ。それがよいプレゼンテーションかどうかの判断基準だと思う。学会の発表でも、学生の発表でも、あるいは偉い人の話でも、冒頭の1~2分聞いて、つまらないなと思われたらおしまいです。

たとえば温暖化について学生が発表するときに、今、地球の温暖化はこうなって、IPCC[*4]の報告書ではこうですといった話をダラダラ話すことが多いんですが、これではダメですね。誰もが知っていることは、概要を簡単に述べるだけでいい。大方の学生は何か定番といわれるようなものを話に加えたほうがいいと思っているようです。でも、それでは人を惹きつけることはできません。

では、どうすればいいか。

大事なことは、地球温暖化がテーマなら、私はこういうことに注目して考察したという、意外性のあるテーマ設定です。伝える以上は、オリジナリティがあるかどうかが大事なのです。講演でも何でも、オリジナリティのある話は面白い。話が面白くないのは、オリジナリティがないからで、世の中にある当たり前のことをいっているだけのプレゼンはダメです。

もちろん、ある課題を与えられて「君はこれを発表しなさい」というケースもあるでしょう。そういう場合でも、まずは自分のオリジナリティはこれです、と最初に語ることが大事だと思う。とりわけ、自分の考えが他の人の考えと違うことをどう浮き立たせるかをよく考える。「今までこういわれてきたけれども、私が考える違う仮説をここでみなさんに伝えたいと思い

＊4 気候変動に関する政府間パネル。

ます」といえば、聴衆は居眠りせずに話を聞いてくれる。

私自身、講演を聞いていると、眠くなることが多いんですよね。その原因はパワーポイントにあると思っています。私はパワーポイントをいっさい使いません。なぜ使わないかといえば、見た目がみな同じだからです。このソフトが登場した初期のころは、あの画面展開にも驚きがあって、いい面もあったのですが。

パワーポイントを投影しているうちに、プレゼン時間が足りなくなるケースも多いですね。たとえば、50ページ分のパワーポイントをつくった場合、50ページまで伝えないとその発表が成り立たない。つくり込みすぎると途中で中断せざるをえなくなり、その人が何を発表したかったのかが伝わらずに終わります。

文字がやたらと多いパワーポイントをつくる人が目立ちますが、あれもダメです。文字ばかりでは読めませんから。私も大学の講義のときは、基本的に文字はごくわずかにして、写真と映像をたっぷりと用意しておき、話の展開に合わせて選んだ写真・映像を見せながら伝えることにしています。

プレゼンが始まる前にパワーポイントを印刷した書類を配ることが多いですが、あれもやってはいけません。配布したら読めばいいので、しゃべる必要がなくなるじゃないですか（笑）。だから私は、資料を配る必要があるときは、話が終わったあとに配るようにしています。

パワーポイントでの伝え方云々の技術が大事なのではなく、**重要なのは、まだ語られていないこと、誰も知らないことを伝えることにあります。**

阿部　では人と違うことを話しているとわかるようにプレゼンするには、具体的にどうすればよいのでしょう?

山根　聞いている人の表情を見ていると、「ああ、こういうことに関心・興味があるんだな」ということがわかってきます。伝えながら相手の反応を読むことがとても大事なんです。そこで聴衆の反応に合わせて、話の内容を変えていく。全体でいいたいことは同じでも、使う素材を変えていくとか。

私の場合、講義や講演では数千点の映像クリップや写真を整理したハードディスクをつないでいますから、話の流れに合わせてピッタリの素材がすぐに引っ張り出せるようになっています。「その場パワーポイント」みたいな感じですかね（笑）。

亡くなったスティーブ・ジョブズ[*5]など、才能あるアメリカ人のプレゼンテーションは見事です。インターネットが始まるか始まらないかのころにＩＴの世界について語った、あるアメリカ人のプレゼンテーションには感銘を受けました。ステージにソファがあって、そこにプレゼンターが座り、「やあ、みなさん、よくいらっしゃいました」。パチッとリモコンを押すと自分の家族の写真がパソコンの画面に写って、「これは私の娘と妻です」。次のパチで、犬が出てく

＊5　Steve Jobs, １９５５-２０１１。アップル創業者の一人。

る。「私の犬です」。そんなふうにしながら、じつは新しいＩＴ世界を紹介していました。
そのプレゼンでは文字はまったく出さないんですが、話す「言葉」がいいんです。上手いなあって思いましたね。なるほど、将来のＩＴはこうなるというのがよくわかり、世界を変えていくんだっていうことがよくわかった。そうして最後に会社の製品を紹介して、「これを使うと上手くいきます」と。しかもソファに座ったまま、足を組みながらパチパチって。「座布団一枚！」といいたかったです（笑）。

書いて伝える

阿部　「話す」プレゼンについてお聞きしましたが、「書く」プレゼンについてもぜひ教えてください。書類やレポートの書き方については、どのような技術がありますか？

山根　大学の講義でレポート課題を出す際には、必ずレポートには表紙をつけるように指導しています。そして表紙にはタイトルとともに、レポートで何を伝えようとしているのかを2～3行程度にまとめたアブストラクトを書くようにいっています。そのあとにレポートの本文が続くわけです。また、長い論文の場合には、序言とまとめだけで論文の概要がわかるようにすべきだと学生には指導しています。さらに、授業のレポートや論文では、レポートと一緒にチャート図（内容の図解）も提出させています。チャート図を見れば、ちゃんと調べたのかどうかや文章の構成を考えたのかどうかが、一目でわかるからです。

文章の書き方については、５Ｗ１Ｈと５Ｗ２Ｈ[*6]に気をつけなさいとか、よい文章とはこういうことだとか、そして構成はこういうふうにしなさいとか、レポートの枚数まで指定しながら指導します。

学生にとくに気をつけるようにいっているのは、文章は５～10行くらいで区切って、全部小見出しをつけなさいということです。学生のなかには用紙を埋め尽くすかのようにビッチリと書いてくる人が、とても多い。それでは、文脈がよくわからず、何を伝えたいのかを把握しにくい。

私が大学生のとき、答案用紙に論述する際は、だいたい５行書いては１行あけて、小見出しも多くつけていました。つまり、**読む人の立場に立って**、**読む人に苦痛を与えない「構成」で書くこと**です。読むというのは、ある種の苦痛ですから。

阿部　小見出しをつけたり、５行にまとめたりするためには、事前に全体の構成を一生懸命に考えないと難しいですよね。

山根　ですから、チャート図を描いてから、文章を書けば楽なんです。

阿部　そういったレポートの書き方は、社会に出てからも役に立ちますよね。

山根　企業に就職すれば、営業報告書やレポート、取引先や上司を説得する書類の作成は必

＊6　who, when, where, what, why（５Ｗ）、how に、２Ｈとする場合は how much が加わる。

須です。そういうビジネス文書でも大事なことは、ムダにたくさんの文章は逆効果だということです。

相手のことを考えて、相手はこういうことを望んでいるなということを簡潔に書く。そのためには、直面している課題が何で、今までの対策・対応がいかにダメで、これからどうすれば大丈夫かという展開で書く。

「序破急」ですね。まず問題点を鮮明に伝えて、そうだそうだと思わせる。2番めに、今まで会社や社会がやってきたことでこういうことがあったが、それはダメだと。そのうえで3番めに、これに対して私は新たにこういう対応策・解決策を考え出しましたと。この「序破急」で、ドンと説得するんです。

私は、1985年の「つくば科学万博」のときに、2つのパビリオンのディレクターを引き受けたんですが、フランス館のプロデューサーが書いた企画書はすごかった。普通の家が新しい技術でこんなふうになっていくと

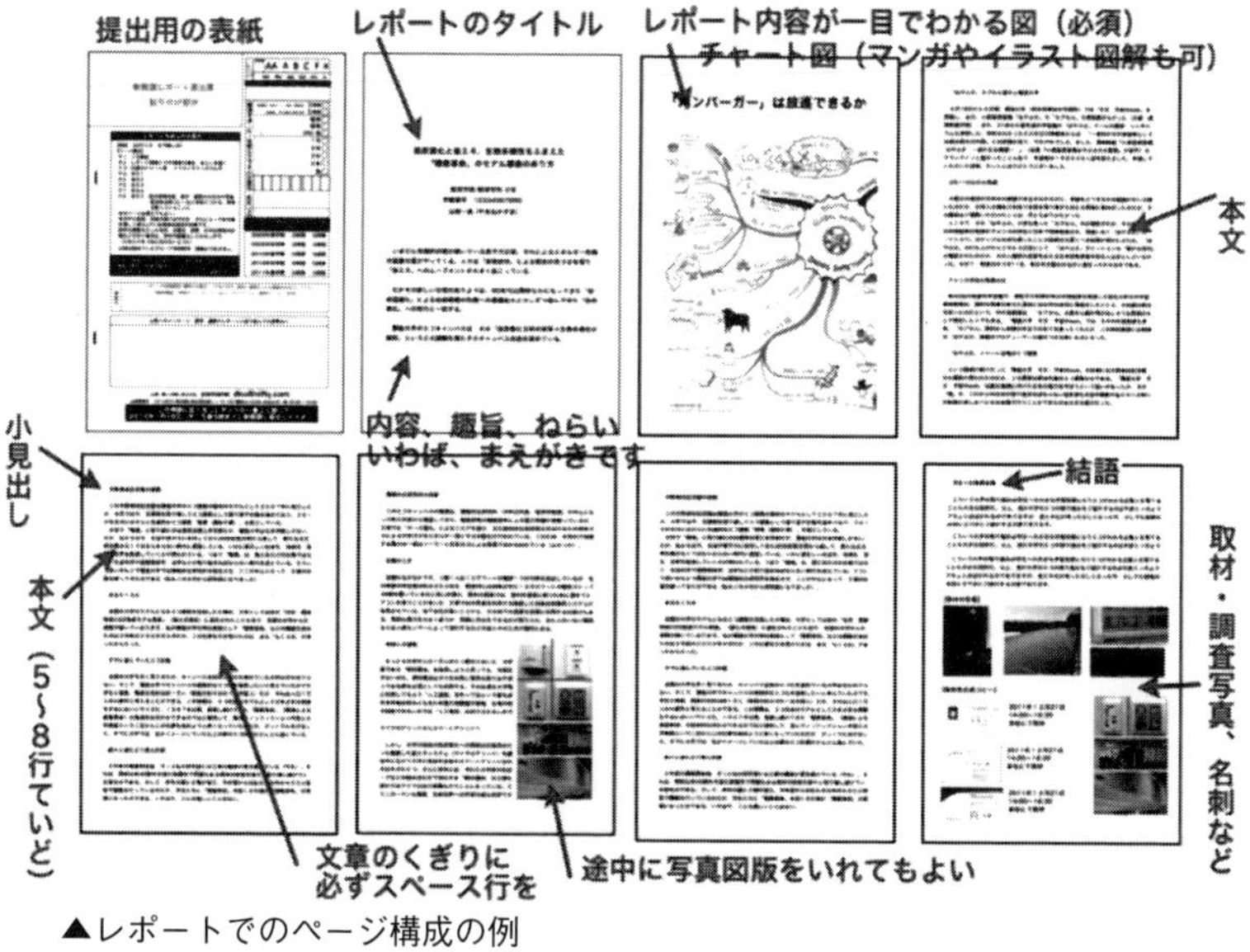

提出用の表紙
レポートのタイトル
レポート内容が一目でわかる図（必須）
チャート図（マンガやイラスト図解も可）
本文
内容、趣旨、ねらい
いわば、まえがきです
小見出し
本文（5〜8行ていど）
結語
取材・調査写真、名刺など
文章のくぎりに
必ずスペース行を
途中に写真図版をいれてもよい

▲レポートでのページ構成の例
（獨協大学の講義資料より）

いう内容でしたが、企画書はＡ４で1枚。それで何十億円もかかるパビリオンの企画が通ったんです。優れた企画書はＡ４用紙1枚で十分ということを学びました。１００ページあっても、ダメな企画書はダメですね（笑）。

つまり、書く内容を削ぎ落としながら、いかに伝えたい内容がちゃんと伝わるように書くか、という点が勝負になるわけです。もちろん添付資料は１００ページでも１０００ページでもあっていいが、伝えるべきことは3枚以内にしたいです。優れた経営者の判断は、そういうことでやっているんだと思います。

阿部　『Ａ４革命』[*7]のなかに、「力のある言葉を選ぶ」とか、「ぎくりとさせる文章を書く」とか、「予想できる結果を書く」などと、書いてありました。それから、「どんどん書く」ということも書いてありました。このうち「力のある言葉を選ぶ」というのは、どういうふうにしていらっしゃるのかを伺いたいと思います。私も仕事柄、書くことが多いわけですが、力のある言葉を選ぶというのは本当に難しい。

山根　ある意味、力のある言葉というのは毒のある言葉かもしれませんね。「ギクリ」とする言葉も力がある。で、そういう言葉にするには比喩を使う。比喩ってすごく大事だと思う。たとえば温暖化。私の場合すぐに環境の話になってしまいますけど、温暖化とは何だろうかと考えてみる。そして、「地球をお湯の煮えたぎった鍋に入れて煮ているような時代を迎えて

＊7　山根一眞・情報山根組『Ａ４革命――スーパー書類の整理術』日経ムック、1993年。

いる」、たとえばそういう表現をしてみる。これが力がある言葉かどうかは別として、ギクリとしますよね。

日本人は比喩が得意ではないですね。マジメすぎるのかな。たとえば欧米では、温暖化についてのプレゼンテーションに、地球が火で燃えている絵などがよく出てきます。彼らがなぜそういう表現を多用するのかといえば、多民族国家だからでしょう。グラフィックを利用したコミュニケーションが、異なる文化をつないでいるのだろうと思います。

一方、日本は単一民族国家に近いといわれ、同じ言語が使われてきたため、文字で伝えるだけで十分であったことが、グラフィックスによるコミュニケーションが発達しなかったことにつながったのかもしれません。

「比喩」の話をしましたが、「メタルカラーの時代[*8]」で私がずっと通してきたのは、**いかにして比喩を使ってわかりやすく読者に伝えるか**っていうことでした。

たとえば、金属を切る技術の話で、金属に上から力をかけていくとどうしても歪みが出てしまうことをどう表現するか。刃物が入っていくときにスパッと切れているように見えても、ミクロレベルで見れば内側へわずかに引っ張られて歪みが出てしまうという説明を聞きました。そこで、それを比喩にして、こう問うたんです。「たとえばデコレーションケーキを切るときに包丁でまっすぐ切りたいのに、クリームがグチャッてケーキの中に入ってしまうようなこと

*8 第2章注5参照。

ですか」と。「そうそう、そういうイメージです」といってもらえたので、記事はケーキの比喩で書いたわけです。

誰もが持っている経験や知識を上手く活かした比喩を探して表現することが大事です。誰も知らないことを比喩にしてもダメ。たとえば、「この機械の動きはナガコガネグモのようです」といっても、ナガコガネグモを知らない人にとっては何のことかサッパリわからない。一方、「この機械の動きはアマゾンのタランチュラのようです」というと、何となく恐ろしいやつだとイメージしてもらえるわけです。どんな難しいストーリーでも理論でも、身近な言葉に置き換えて表現することで、読む人によりよく伝わるということを、忘れないでもらいたいです。

テーマの選び方、見つけ方

阿部　最後に、もう一つ聞いてもいいですか？　最近、テーマを選べないという学生が増えてきている気がするのですが、テーマ選びのコツのようなものはありますか？

山根　私が、いつも学生にいっているのは、何の役にも立たない、立ちそうもないことでも、何か目についた不思議だというものを、きちんとたどっていくことによって、すごく大きな世界が見えますよということです。ともかく身近なことを疑問に思ったり謎だと思い、好奇心を持って調べなさいと。

たとえば、環境問題についてのレポート課題を出すと「地球温暖化について」というタイトルで、ありきたりのレポートを書いてくる学生がいる。でも、そんなのは誰も読みたくない。できるだけ自分の興味関心のあることでまとめるのが重要です。

学生のレポートのなかで一番よかったなと思ったのは、ゴキブリをテーマにしたレポート。その学生はゴキブリが大嫌いで、この世からゴキブリを全滅させる方法を探ったというレポートなんです（笑）。そのために、あらゆる文献であらゆる種類のゴキブリの生態を調べ、そのうえで駆除をしている人に会いにいった。そうして、ゴキブリの薬物に対する耐性とか、どうやったら駆除できるかを、徹底的に調べた。結果、「結論＝1種類だけはどうしても絶滅できませんでした」（笑）。これは非常に面白かったですね。

ごくごく身近なことであっても、徹底して追い求めていけば大きなテーマが見つかります。スマートフォンで通学電車の車窓から10分くらい風景の動画を撮って、あとで再生しながら「これは何」「あれは何」とじっくりチェックするだけでも、テーマは見つかりますよ。

3 インタビューからの学び

相手が望んでいることを簡潔に伝える

山根さんのお話、参考になりましたか。

相手のことを考えて、相手が望んでいることを簡潔に伝える。これが自分の考えを伝える肝のようですが、これは「言うは易く行うは難し」です。相手が何を知りたいのかがわかればまだいいのですが、それがわからないときは本当に難しい。たとえば、伝えたい相手が目の前にいれば、会話のやりとりから相手がわかっていないことを理解できるように伝えることができます。相手も、わからない点や知りたい点については、質問できます。だから、山根さんのプレゼンテーションは、聞き手の状況を見ながら話の内容を変えたり、順番を変えたりして、相手が聞きたい知りたい話を提供できているわけです。私たちも友人と会話をしていると、相手の話に不明なところについては質問したり、ツッコミを入れたりして、互いに情報を共有しようとしていますよね。

ところが、伝えたい相手が目の前におらず、やりとりができない状況では、相手が何を知りたいのかを知ることができません。だからこそ、相手の立場に立った伝え方＝書き方を考える必要があるのです。自分の考えを伝えるために、どのような内容をどのような順番で書いたら理解してもらえるのか、相手が疑問に思うような内容や箇所はないのか、誤解されるような内容になっていないかなど、慎重に書き方を練らなければなりません。

このためには、まず自分の考え、アイディアを整理する技術が必要です。山根さんはチャート図を使って図解したり、「こざね法」を使って仕分けしたり、とにかく自分の考えを整理していました。ほかにも「マインドマップ」を使って考えを整理する方法もあります。いずれにしても、自分の頭にある考えやアイディアを、順序立てて論理的に整理しないと、相手に上手く伝えることができなくなります。

伝え方を工夫する

次に、伝え方です。話して伝えるにしても、書いて伝えるにしても、大事なのはオリジナリティがあるかどうかのようです。誰かがすでに話したり書いたりした内容を、もう一度聞いたり読んだりするのでは、相手はつまらないですよね。オリジナリティは大事です。

話して伝える場合の山根さんの極意は、写真や映像を上手に利用するという点にあります。私たち人間は視覚・聴覚・触覚・味覚・嗅覚という五感を利用して、お互いに伝え合っています。このうち、最も情報量が大きいと考えられているのが視覚です。したがって、相手の視覚に訴えながら話をするということは理に適っているのです。たとえば、テレビとラジオ、あるいはマンガと文章を比べると、テレビやマンガのほうが瞬間的により大きな情報を伝達できて、視聴者や読者の内容の理解を助けていますよね。

一方、書いて伝える場合の極意は、イメージが浮かびやすい言葉を使って、シンプルに書くことにあるようです。難解な言葉を使うよりも、誰でもわかる身近な言葉を使って、読み手の理解を促すことは大事なようです。ただし、これも度が過ぎると読み手の誤解を生みかねませんから、精緻で正確な用語（たとえば専門用語など）を使いつつ、それをイメージしやすい言葉でたとえるなど、工夫をしたほうがいいように思います。

4．ビジネスシーンへの発展

社会人も悩む、伝えることの難しさ

自分の考えを伝えることは、経験豊富な社会人をもつねに悩ませる、難しい問題です。働き始めると、誰しも上司やお客さまなどに思いを上手く伝えられずに戸惑う経験をするでしょう。じつは若手のうちのみならず、上司や経営者であっても、自分の考えを上手く部下や従業員に伝えられずに悪戦苦闘している人は少なくありません。自分の考えを伝えることが難しい理由には3つあると思います。

① そもそも曖昧な表現が多い日本語の特性

② 本音をなかなかいわない日本人の奥ゆかしさ

③ 世代や経験が異なる人同士の解釈の相違

①に関しては、学生同士でも実感はあるでしょうが、スピードや効率が求められるビジネスシーンにおいては、ネックになることがあります。英語を社内公用語とする楽天の代表である三木谷浩史さんは著書『楽天流』[*9]の中で、「職場で英語を用いると、自然と会話が率直で具体的になる。つまり、『Ｙｅｓ』または『Ｎｏ』と回答せざるを得ない状況を作りやすい」と述べています。英語を使うことによって、たんにグローバル化に対応する効用だけでなく、日本語の曖昧さを排除しスピードを上げる効用を重視する企業もあるのです。

②に関しては①と表裏一体ともいえます。第**2**章で山根さんは、相手の反応として「検討しておきますということは、断りますという意味」と話されていましたが、こうした本音と建前の使い分けが、ビジネスシーンでは多用されがちです。たとえば、営業でお客さまに商品やサービスを提案した際、「いいですね」といわれても、「でも、うちは興味ありません」という本音が続くのか、「提案の一部はよくて、あとはイマイチ」なのか、「全面的に賛同したので、ぜひ採用したい」と考えているのか、最初は皆目見当もつかないでしょう。この感覚をつかむ

*9 三木谷浩史『楽天流』講談社、２０１４年。

には、第**2**章で学んだ「相手を知る技術」を磨いて、相手の本音を推し量る必要があります。

社会人では③の壁にぶつかることが増えていきます。世代や経験が似通った学生同士で自分の考えを伝えることは、社会人同士の場合と比べるとそう難しいものではありません。たとえば「ヤバい」という言葉は、みなさんにとっては「すごい」という称賛の意味合いを持つでしょうが、中高年世代にとっては「危ない」という危機意識を高める意味合いとなります。言葉一つとってみても、世代や経験が異なると解釈がズレてしまうのです。伝言ゲームではないですが、大きな組織で多数の人がかかわるとさらにズレは大きくなりがちです。

「伝える」ではなく「伝わる」がゴール

こう考えてくると、自分の考えを伝えるゴールは、自分が「伝える」ことではなく、相手に「伝わる」ことであることとわかってきます。ビジネスシーンでは、仕事の連携が上手くいかなかった際に、発信者であるAさんは「伝えましたよね」と相手を責め、受信者であるBさんは「いや聞いていません」と逆ギレする、といった対立が起こることがあります。Aさんとしては伝える努力をしたのかもしれませんが、結果としてBさんに伝わっていなければ、Aさんは目指すゴールに至れなかったともいえるのです。山根さんが、伝えるときに相手の反応を見ながら話の内容を変えるのは、一方通行で自分の伝えたいことを伝えればいいのではなく、相手に「伝わる」ことを念頭に置かれているからだと思います。
ビジネスシーンにおいて自分の考えが相手に伝わるためには、
（1）伝えたいことを絞り込むこと
（2）伝え方を工夫すること
が求められます。

要は何を伝えたいのか ◉自分の言葉でメッセージを絞り込む

まず第一段階の、伝えたいことを絞り込むこと。ビジネスシーンにおいては、上司も先輩もお客さまも基本的に多忙で、時間を貴重な資源と考えています。時間がたっぷりある学生時代とは時間感覚がまったく異なります。そのため、要領を得ない報告をダラダラと聞かされると上司は苛立ちます。「要は何がいいたいの」。私（前川）も上司として若手の部下にこう指導したことが何度もあります。山根さんは、100ページでもダメな企画書はダメ、A4用紙1枚でも素晴らしいものは素晴らしいと話されました。トヨタ自動車の「紙一枚主義」という伝統的なプレゼン手法も有名ですが、ビジネスシーンでは伝えたいことを絞り込むことが求められると心得ておきましょう。

ただし、伝えたいことを絞り込むのは簡単ではありません。学生時代から練習しておくことをお勧めします。話して伝えるにせよ、書いて伝えるにせよ、最初は自分が伝えたいことをすべて文章に書き出すことです。ビジネスシーンでもレポートを書くことがままありますが、大学のレポートもいきなり規定の文章量にまとめようとするのではなく、まずは規定を気にせず、伝えたいことをすべて書き切るのです。その後、その文章を何度も何度も見直し、不要な文章や言い回しをどんどん削っていく。そして、最後に規定内に収めればいいのです。山根さんがレポート課題にはタイトルと小見出しをつけることを推奨されていますが、タイトルとは、伝えたいことを究極まで絞り込んだメッセージです。文章にタイトルをつけるのも伝えたいことの絞り込みの練習になるでしょう。

なお、メッセージは、どこかから引用した言葉ではなく、自分なりに考えて表現を工夫した部分、すなわち自分の言葉を必ず残すように絞り込むとよいでしょう。山根さんのいうオリジナリティです。借りものの言葉では人になかなか伝わりません。自分の考えを伝えられるのは、自分の言葉で話す人でもあるのです。

第二段階は、伝え方を工夫すること。具体的には、相手に伝わるようにコミュニケーションツール・論理構成・表現方法を工夫することです。上司と若手がすれ違うコミュニケーションツールのズレの典型例を紹介しましょう。40～50代の上司は、大事な報告であれば直接対面で話を聞きたいと考えています、しかし若手社員は、忙しそうな上司に遠慮し、時間があるときに読んでもらえるメールで報告をします。結果、メールをつぶさに読み込めない多忙な上司には読んでもらえず、報告が遅れトラブルに至る。この場合、勇気を出して忙しい上司に声をかけて時間をとってもらい、直接報告するのが得策なのです。

続いて論理構成の工夫です。山根さんがパソコンのなかにある数千点の写真と映像から適切な素材を臨機応変に引っ張り出せるのは、相手に伝わりやすい論理構成のストーリーをその場でつくり上げられているからだと思います。これは相当高度な技術のため、最初のうちは難しいかもしれません。ビジネスシーンにおいては、「伝えたい考えを簡潔に→その根拠・理由→背景・補足情報の説明」という基本を理解し実践することから始めましょう。

伝え方は相手に合わせて柔軟に変える

最後は表現方法の工夫です。営業のシーンなどでは、同じ意味ならば、自社でよく使う用語ではなく、お客さまがよく使われる用語を意図的に使うといった表現方法の工夫が有効です。外資系コンサルティング企業などでは、話の内容の賛否を確認するために「アグリーですか」ということがありますが、伝統的な日本企業のお客さまにはまったく通じないでしょう。「同意いただけますか」と確認することが妥当なのです。

山根さんが比喩の重要性を訴えられるのも、自分の伝えたいことが相手に正しく伝わる表現を強く意識していらっしゃるからだと思います。伝えたい考えの根幹がぶれないように気をつけながら、伝え方については相手に合わせて柔軟に変える姿勢が大切なのです。

第6章

問題を発見・解決する技術

阿部先生が研究されるとき，どうやって研究課題を見つけているのですか。

そのときに話題となっている社会問題からヒントを得る場合もあるし，既存研究で未解明になっている点からヒントを得る場合もあります。後者には研究の流れがあって，研究者にはわかるのですが，一般の人にはわかりづらいでしょうね。

社会問題からヒントを得るというのは，私たち事業をしている者も同じですね。社会問題を解決することがビジネスにつながりますからね。

そうですね。前川さん，社会問題に敏感ですものね。本もたくさん読んでいるし。

世の中はものすごい勢いで変わり続けています。いつも情報収集をしていないと，何が問題なのかピントがズレて，本質を見誤ってしまいます。問題を発見し解決することができなければ，私はもちろん，経営する会社もあっという間に社会では用なし扱いになってしまいますから必死です（笑）。

鈴木 直道

NAOMICHI SUZUKI

北海道夕張市長

1999年，東京都庁入庁。2000年4月，勤務のかたわら法政大学第二部法学部法律学科へ入学し，2004年に卒業。2008年より夕張市へ派遣。2010年4月，東京都知事本局総務部より内閣府地域主権戦略室へ出向。同年，夕張市行政参与就任。同11月，夕張市長選出馬の決意を固め，都庁を退職。2011年4月，30歳1カ月（当時全国最年少）で夕張市長に就任。2013年，ダボス会議を主催する世界経済フォーラムにより，同年度の「ヤング・グローバル・リーダーズ」（YGL）に選出された。2014年，財務省・財政制度等審議会（財政制度分科会）へ有識者として参加，人口減少社会を見据えた夕張市における具体的事例に基づき国へ各種提言。2015年4月，2期目となる市長当選。同年，日本メンズファッション協会主催「ベストドレッサー賞」（第44回）を，政治部門にて受賞（北海道初）。2017年3月，財政破綻から10年の節目に財政再建と地域再生を両立する新たな財政再生計画を策定，総務大臣の同意を得て，財政再生団体からの実質的な脱却へ道筋をつけた。著作に，『やらなきゃゼロ！』（岩波ジュニア新書），『夕張再生市長――課題先進地で見た「人口減少ニッポン」を生き抜くヒント』（講談社）がある。

Keywords　問題発見の肝　自分ごと化　リーダーシップ　小さな成功体験　人を巻き込む　人に任せる

1．問題意識を持てない大学生

高校までと違って大学では、自分自身の問題意識をもとにして、文献や資料を調べたり、実験やアンケート、聞き取り調査でデータを集めたり、集めたデータを解析したりして、レポートや論文をまとめるということが要求されます。この過程で学生たちが最も苦労するのが、自分自身の問題意識を持つという点のようです。

実際、与えられた問題や課題であれば、調べたり考察したりしてレポートや論文を書くことはそれなりにできるようです。調べるとか分析するとかは、それぞれ手法がある程度定型化されていて、授業や各種のガイダンスで習うこともできますので、そうした手法を適用していけば一人でもどうにかこうにかレポートや論文を書くことはできるようなのです。

ところが、問題を発見するとか問題意識を持つとかということについて、ガイダンスや授業で習うことはないといってもいいでしょう。たとえば私（阿部）のゼミでは最終学年の4年生が卒論を書くのですが、そのために3年生の12月ごろから卒論のテーマを考えてもらうようにしています。ところが、4年生の4月になってもテーマを決められない学生が例年出てきます。2月か3月に合宿形式でテーマ案を発表する機会もあるのですが、その発表で卒論テーマが決まる学生は稀です。たいていの学生は、問題意識が希薄だったり、テーマ自体が面白くなかったり、あるいはそのテーマで研究遂行するのは不可能、といった理由でボツになります。

卒論のテーマが一発で決まる学生の多くは、「オタク」と呼んでもいいような学生です。そうした学生は自分自身の趣味や関心事をそのままテーマにするのですが、共通するのはとにかく、深い関心から対象のあるべき理想的な姿が描けており、そこに向かうにはどうすればよいかという具体的な問題意識を抱いている点です。人間誰しも趣味や興味の対象を持っているはずですが、たんにサッカーに興味があるとか、映画鑑賞が趣味ですというだけの学生はよいテーマを決められません。具体的な問題意識を持つことが大事なようです。

ただし、趣味や興味の対象を研究テーマにすることがいいのかというと、そういうわけではありません。たとえば、自分自身の趣味や興味の対象をあまり公にしたくない場合があるかもしれません。以前、ある女子学生は自分の趣味をテーマにすることを悩んで私のところに相談にきました。聞くと、パチンコが趣味なので、パチンコ業界をテーマに卒論を書こうかと悩んでいるというのです。でも、本人は自分がパチンコに興味があるというのを友人には知られたくないので困っているというわけです。また、自分の趣味や興味ばかり考えてしまうと、社会に出たあとで大変になるかもしれません。というのも、仕事が自分の興味関心と重なるとは限らないなかでも、問題意識を持って仕事をしなければならないからです。キャリアの本にはしばしばアンテナを高くしろとか、問題意識を持てと書いてありますが、会社から与えられる仕事のなかで問題意識を強く持つことが求められるのです。

では、問題意識を強く持ち、テーマを発見するにはどうしたらよいでしょうか。以下では北海道夕張市長・鈴木さんに、問題発見の技術について聞いてみることにしましょう。

2 プロフェッショナルに聞く 鈴木直道さん

世の中は問題だらけ？

阿部　鈴木さんには、問題や課題を発見する技術とそれを解決する技術の2つについてお話を伺おうと思っています。まず、問題や課題を発見する技術から伺いたいと思います。

問題・課題を発見する際、自分たちで問題を発掘することが、その解決方法を考える第一歩ということになります。私のゼミでは、4人で1つのグループをつくって、身近な社会問題を取り上げてレポートさせています。けれど、なかなか学生たちが問題や課題を発見できません。問題を発見できたとしても、それまでには相当の時間がかかる。大学生のうちに、社会問題や研究対象となるテーマを発見する力をどう身につけたらいいのでしょうか？　あるいは、どうしたら身につけられるのかについて、ご自身の経験から何かヒントをもらえればと思っています。

鈴木　今、世の中は問題や課題だらけです。それ以外を見つけることのほうが難しい。

阿部　そのとおりです。

鈴木　ですから、問題や課題をどうやって解決するかということのほうが重要であり難しい。問題発見それ自体は容易だと思っています。私の例でいうと、私は東京都の職員として夕張市に来ました[*1]。そのときにまず一つ思ったのが、夕張市は財政破綻して再建計画ができているけど、これはなかなかしんどい計画だな、と。それで、これは変えなきゃいけないなと思ったのですね。このことは、ここに住んでいらっしゃるほとんどの方が思っていた。ただし、どう変えればいいかということまでは、誰も手をつけていなかった。

当時、財政健全化法[*2]という新しい法律が半世紀ぶりにできて、夕張市も再建計画から再生計画に変わるというタイミングがあることがわかった。そこでまず、みんなが不満に思っている計画を変更して、リニューアルするなら、そのタイミングでやるのがいいと考えた。それで、じゃあどういうことが自分の立場でできるだろうかと考えてみた。

市民と行政を俯瞰すると、市民は夕張に住むことについてのいろんな問題を漠然と抱える。

＊1　鈴木さんが夕張市長になった経緯などについては、鈴木直道『夕張再生市長――課題先進地で見た「人口減少ニッポン」を生き抜くヒント』（講談社、2014年）を参照。

＊2　2009（平成21）年に施行された「地方公共団体の財政の健全化に関する

でも、市民は行政の手続きや制度をすべて理解しているわけではないので、問題は認識しているけれども、それをどう解決したらよいかを知らないわけです。一方、行政側は、問題認識と課題解決策をある程度は認識しているけれど、市民に対してそれを提示したときに、過大に期待されてしまうのではと思っていて、簡単に動くことができなかった。

とはいえ、市民の不都合を何とかしなければいけないという状況にはある。私は行政マンだけれども、根っからの夕張市の職員ではない。市民から直接に話を聞いても問題は少ないというニュートラルな存在だな、とその当時に思ったんです。そこで、プライベートな時間を当てればまあいいだろうってことで、アンケート調査を行いました。それをもとに問題の発見と解決の手法を市民のみなさんと考えましょうって。

そして、次の段階で考えたのは、市長選挙への出馬要請もありましたけれども、夕張の計画を根本的に変えるってことを目標としたときに、どの立場でものごとを実施するのが一番成功するのかということです。それは公選職たる市長という立場でした。だから別に、市長になりたいというのはまったくなかったのだけど、計画を見直すためには市長になるという選択しかないなと考えた。

法律」。それまでは、地方財政再建促進特別措置法によって赤字の地方公共団体に対する財政再建制度が、また地方公営企業法によって赤字企業に対する財政再建制度が設けられていた。しかし、これらの制度には、財政情報の開示がわかりにくいかたちとなってしまい、早期是正機能もないといった課題があった。そこで前出の法律によって、財政指標を整備して公表の仕組みも設け、財政の早期健全化および再生のための新たな制度が整えられた。

前川　鈴木さんが、夕張の問題についてどう考えて、どのように行動してきたかが大まかにわかりました。

ところで、問題の発見についてですが、見えていないこともあるでしょうが、一方で見えているのだけれども見ようとしないとか、「自分ごと」として捉えられないということも多いと思います。東京都から当時派遣されていた鈴木さんは、あえて夕張の問題を真正面から見たことが課題の発見につながったということではないかと感じます。そのあたりをどうご自身で分析されていますか？

鈴木　よくわかりません。たとえば、私は温泉が好きで、よく日帰り温泉に行くのですが、そうすると施設を見てどれくらいの維持管理コストがかかるかとか、どういうプロモーションをしているかとか、すごく気になる。そして、気になるといろいろと考えちゃうんです。それは自分の性格だと思います。

前川　普通の人は、これは問題だと思っても、まあ、これはこういうものだとそのまま受け入れてしまう。ところが、鈴木さんの場合は「問題だ、探求しよう」と考えられますね？

阿部　小さいころから、そういう探求心はあった？

鈴木　いや、別にそんな感じじゃなかったと思います。『やらなきゃゼロ！』[*3]にも書いたんですけれども、高校生のときに夜逃げ同然で母親と家を出て、姉と三人で暮らすようになった。そのときに、当たり前に高校生活をしていることが、じつは当たり前ではないということに気がつきました。

当時、クロネコヤマトの早朝バイトに行ってコンテナごとに荷物を分ける仕事をして、そのあと学校に行き、夜はバイト先の酒屋さんで米とかお酒を売って、それから家に帰る。9時半くらいまで。閉店がそれぐらいだったと思います。土日なく働きました。夏休みは住宅建設の手伝いをして、基礎のコンクリートを流すのに木の枠を組むのですが、その枠を外す仕事を主にやっていました。で、そこでなんていうか、いろんなことを考えさせられました。それで一ついえることは、自分でいろんなことを考えていかなきゃいけないなって。高校1年生のときですね。仕事するにしても、ごはん食べるにしても、ジャージを買うにしても、指定のワイシャツを買うにしても、自分でいろんなことを考えていかないといけない。時間も限られているし、いろんなことやらなきゃと思いました。

前川　高校1年生で、ですか？

鈴木　そうですね。それまでは何も別にやってなかった。フラフラしていたというか、普通に学校に行っていました。東京都に平成11（1999）年に入庁したのですが、肉体的にはこ

＊3　鈴木直道『やらなきゃゼロ！──財政破綻した夕張を元気にする全国最年少市長の挑戦』岩波ジュニア新書、2012年。

んな楽な仕事はないなあと思いました。高校のときには、夜中まで働いて、次の日は早朝バイトに行くというのが当たり前だったので。都庁に朝出勤して夕方5時に退勤するまで椅子に座っている。これでお金をもらえるなんて楽だなあって。そう思ったら、いろいろやることが見つかった。

阿部　すると、自分で考えて行動しないといけないということがわかったから、いろいろと見えるようになったのでしょうか？

鈴木　私の場合はそういう環境を望んだわけじゃないのですけれど、そういう感じになった。高校1年生のときからの生活リズムが変わっていないのですね、今まで。朝から晩まで働く。高校1年生から、結局、大学に行くようになってからも、同じようなライフスタイル。で、その後に東京都の健康局（現、福祉保健局）の難病対策の部門にいました。だから、私の話が参考になるかどうか、わからないですね。そのときも本当に忙しかったので、生活のリズムは変わってないのですね。

阿部　他の人が見えていても見ようとしないことやものを、真正面から捉えるとか、自分で考えて行動するというのは、問題発見の……。

前川　問題発見の肝ですね。

鈴木　すべてそうだと思いますね。

阿部　多くの人はきっと自分で考えていない。見えていても見えていないっていうのは、実際に多い。たとえば、この部屋に何があるかというのは、見ようと思わないと見えない。

鈴木　なるほど。私の場合、夕張に執着して、その観点で俯瞰的なものの見方はしています。

問題を「自分ごと化」する仕組み

阿部　市長になって、夕張市の課題をいろいろ見ていると思うのですけれど、そのうちで実際に課題解決しようというのは、どれくらいでしょうか?

鈴木　課題は全部、基本的には課題として認識し、解決しようとしています。ただ、今は、再配分の世界から選択と集中の世界に移った。たとえば、1万円のお金があってお二人の方がいるときに、今までは5000円ずつ分けていた。けれども、今はお二人に平等に分けるのではなくて、もっと厳しい方がいらっしゃるので、お一人で申し訳ないけれども2000円にさせていただいて、厳しい方に新たに8000円渡さなきゃいけないんだ、とか。そういう行政に変わってきました。そういうところで、市長は厳しい判断が求められます。

阿部　では、そのときの判断の基準はどうですか?　通常の場合なら、いろんな問題が見えて、自分たちで解決しようとしても、一つに集中しなければならない。だから、何を取り上げるかの判断が必要になると思うのです。

鈴木　簡単にいえば、私が出馬するときもそうだったのですけど、やりたいかやりたくないかが大事だと思います。たとえば政策の話をすると、個人的趣味でやりたいかやりたくないかではない。少なくとも私は、目指している夕張市の再生について、人生を賭けてやっています。ですから、その自分の決断は、十字架として背負って一生生きていこうと思うぐらいに受けとめています。その前提に立ったうえで、本当にやりたいのかやりたくないのかを考えることにしています。そうじゃないと、自分がやりたくないことなんて、自分の人生賭けて背負えない。それはたんなる自己満足の世界ではないんです。多くの方々に自分の情熱を伝えて、やりたいこととやりたくないことを説明する。私の政策選択は、そういうかたちです。

今、夕張市では総合戦略をつくっているのですが、解決すべき課題は多い。どこの市町村も課題はいっぱいありますよね。たとえば人口減少も高齢化率も借金も、どこの市町村でも問題になっている。でも、夕張ほどみんながそれらの課題を認識していない。じゃあ、どうしたら認識してもらえるか。

私は、みんなに課題を認識してもらうには、課題を尖らせる必要があると思う。そうすると課題解決のためにかかわってくれる人、かかわり人口が増える。夕張にとっては、定住だとか交流だとかが再生の絶対的な答えではなくて、かかわり人口を増やすという視点が必要なんだと思っています。夕張にかかわり、問題にかかわるということが、まずすべての入り口。

阿部　でも、かかわる人口が、課題を「自分ごと化」してくれないといけません。

鈴木　そうですね。だから、そこには一つ仕掛けが必要です。たとえば、夕張は他人ごとじゃないなと考えてもらう。夕張の一番の後悔というのは、大きな課題が深刻化する前にみんなが気づいていなかった点です。今、夕張は崖っぷちにあるけれど、どう考えてももっと前から対策をしたほうがよかった。課題の認識がもっと早ければその解決はずっと楽になったはずです。

問題解決を持続する秘訣

阿部　では、問題を解決する技術について伺っていきたいと思います。鈴木さんは、市長になる前に市民を対象としたアンケート調査をやったと、先ほどお話がありました。独自にアンケート調査を行うのですから、相当に行動力がないとできないですよね？

鈴木　調査をやり始めるのは相当きつかった。肉体的にも精神的にも、きつかったですね。だけど、誰かがやらないといけないから、自分がやることにしたのです。

前川　それから、鈴木さんは本に祭の話も書いておられましたよね？

鈴木　寒太郎まつりですね。ある飲み会の席で、私が一緒にいた市民に「なんで夕張には祭がないんだ」と聞いたことがありました。すると、「補助金を切られたからないんだ」という話なんですね。それで、「補助金がないなら、ないなりにやればいいじゃないか」と、そのときいい返したらしいのです。私は酔っぱらっていて覚えてないのですけど。

次の日だったか、一緒に飲んでいた人が来て、「お前、祭をやるっていったんだから、やれよな」といわれまして。それでお金集めに回った。

前川　鈴木さんの姿勢を拝見すると、リーダーシップの理想的なスタイルだと思うのです。**利己的ではなく利他的で、自分のためじゃなくやるという姿勢。**組織のため、行政のため、何より住んでいらっしゃる方々のために必要なことがあって、別に鈴木さんが責任を背負わなくてもいいんだけれども、自分がやるという姿勢に周りが感染されていくのではないでしょうか？　学生や若い社会人たちがヒントにしようと思ったとき、何が鈴木さんのなかにあるんでしょうか？　たとえば、楽しい瞬間があるとか。

鈴木　楽しいですよ。99パーセントは楽しくないこと、つらいことですけど。でも逆に、つらいことがいっぱいあるから、ちょっとのことで嬉しい。それってみんな同じだと思う。百人いて99人から罵倒されても、1人の人が「いや、よかったよ」っていってくれれば、すごく嬉しい。仕事をやっていると、つらいことが多い。でも、その一言で元気になるというのがある。

私は市内の保育園・幼稚園・小学校・中学校・高校、すべての学校の入学式・卒業式・運動会に出ています。そうすると、やっぱり市民のみなさんの生活の大変さを感じます。子育て世代には他の市町村よりも重い負担がのしかかっているからです。この状況を変えなきゃいけないと思うと、それが自分のモチベーションになる。それが解決しなければいけない問題だと自分で認識すると、肉体的にも精神的にもしんどいなあってことは多々ありますけれども、何とかしなきゃと思ってしまう。そういう機会を学生など若い人にももっと持ってもらえるようにできればいいと思う。問題を自分ごと化すれば自分で解決しなくっちゃって、みんなも考えると思うのです。

さらに、私がずっと一貫して考えているのは、**とにかく小さな成功体験をつくろう**ということです。私は大風呂敷を広げることが多いのですが、そのなかに絶対小さな成功体験だけはつくろうと考えています。そして、その小さな成功のプロセスを少しずつみんなで共有する。そうすると、小さな希望の光が感じられる。成功をできるだけ多くの人と共有したい。学生時代に何かをちょっとでも経験すると、「あ、こういうふうにやればいいんだな」とわかってくる。

それから、**人の巻き込み方も大事**です。他の人が一緒にやりたくなる環境づくりです。自分よりも能力を持っている人はたくさんいる。自分でその問題を解決するよりもそうした人たちに任せたほうがいい場面は多い。だから、どうやればその人たちが一緒にものごとにかかわってくれるのかを考え、巻き込んでいく。じつはこの能力がとても重要な気がします。

阿部　問題解決には、人を巻き込むって大事ですね。問題の認識の共有化が進み、自分ごと化が進むと、次は問題解決になるわけですね。では、そのプロセスはどんな具合でしょう？　実際、鈴木さんが夕張で市長として取り組まれたことをお伺いしたいのですが。

鈴木　今、お金を95億円返しました。夕張は市税収入が8億しかないのですが、年間の償還が26億円です。以前なら償還は不可能だっていわれていた。でも、予定どおり返しつつ、基金にお金も積んでいる。夕張市の財政は確実に健全化している。

一方で、緊縮一辺倒だと人口流出が増える。人々の移動は自由なので、夕張に住むのが大変なら隣町へ行っちゃえばいい話ですからね。破綻以降は人口が3割も減ってしまっています。財政健全化の副作用がやっぱり出てくる。

阿部　ところで、おつくりになった計画は、夕張の課題をどうしたら解決できるかという、ある意味、仮説ですよね？　その仮説を鈴木さんたちはどう立てたのですか？

鈴木　私が就任する前、夕張の財政が破綻したので、お金を返していくことに一生懸命になっていた。それはもちろんやっていかなければならない。でも多くの人が住んでいるわけですよね。お金を返すだけだと、市民生活に支障が出てしまうという問題もある。

夕張市の面積は763平方キロメートルありますが、これは行政面積としてはすごく広い。東京23区がスッポリ入ってもおつりがくるという広さ。だから、交通体系をどうしていこうとか、公営住宅などの住環境をどうしていこうかと、大事な話が多い。医療についても、高齢化率が49パーセントを超えているので、その対策も必要。

じつは、どの市町村にもある当たり前の政策の柱が、当時の夕張にはなかった。だから、私が市長に就任したとき、町の将来構造はこういうふうにしましょうとか、医療はこういうふうにしていきましょうとか、まずプランをつくった。これが最初の1年めでした。

で、プランをつくったから小さな成功体験をつくりましょうね、というのが2年め。プランはあるから、やるべきことはハッキリしている。あとは、それをどれだけのスピードでやるかという話。お金があれば早くできるし、少ししかなければゆっくりとなる。まったくなければ、全然できない。だから、そのバランスを、お金を返していきながらどの政策に優先順位を置いて実行するかということを考えました。

阿部　計画を立てて、小さな成功体験を積み重ねていくけれど、そのなかで計画の見直しがあったり、新たな計画が出てきたりと……。

鈴木　そうです。要は、小さな成功体験。どうして小さな成功体験をつくろうというかというと、モチベーションの問題だけでなくて、説得材料としても必要なのです。どんなに大きなことをいっても、実行していかなければ誰もついてこない。

たとえば、夕張は「人口減少を前提にしたコンパクトシティ」という都市拠点の構造を決めて個別に誘導を図るという計画を全国ではじめてつくった。計画をつくることは誰でもできるけど、その実行・実施までたどり着かないこともある。でも、夕張では実行した。すると、増田さん[*4]が人口減少問題を急にいい始めたりしましたが、われわれ夕張ではもっと早くやっていました。スマートシティだとか何だとか、いろんな話が出てきて「どこなんだ、フロントランナーは」ってなったときに、破綻をしている夕張だったと。

前川　社会人になると、仕事において課題解決していくっていうのは非常に難しいと思うのですよね。周りを巻き込むという話がありましたけれども、鈴木さんの場合は上の人を巻き込むのが上手いのでは？

鈴木　私は部下としては嫌な人間だったと思います。というのも、圧倒的上を巻き込むということを、意識していたんですよね。

前川　圧倒的上？　あ、そういえば、石原（慎太郎）元都知事とか猪瀬（直樹）元都知事とか、かなり上の人を巻き込んだというお話を聞いたことがあります。

鈴木　私の場合、東京都庁にいたときには主任・係長級の立場でした。その上に課長がいて、部長がいて、局長がいて、副知事がいて、知事がいるわけです。東京都は約16万人の職員がい

＊4　増田寛也、岩手県知事や総務大臣を歴任。

ますから、知事と話をすることなんてまずありえないし、局長も雲の上の存在。

それで、私は東京都のなかから二人選ばれた夕張への派遣職員に偶然なった。で、本当は1年間の出向だったのだけど、それをもう1年延長してもらいたいという話を都にしたのですね。1年めで人脈をつくったから、2年めにはその人脈を活かして夕張でさらに仕事をしたいと。2年めには再生計画の見直しもあるので、そういうこともやりたかった。けれど、人事課長はダメだという。それで、当時副知事だった猪瀬さんに直談判しました。

前川 サラッとおっしゃいますが、課長を巻き込んで、副知事を呼んで話したいっていうのは、すごいことです。大きな組織では、そういう行動に移せる人はなかなかいない。

鈴木 たまたま、副知事が夕張の出向者にごはんをごちそうするという機会があった。そのときに、「あの、お話があるんですけど」と延長の話をした。人事課長もその場にいて、一緒に話をしました。

前川 圧倒的上を巻き込むことが組織を動かし、課題解決するうえで重要だということがわかりました。一方で、今は年上の部下ばっかりですよね。年上の部下を束ねて、意思決定して進んでいくというのは、これはこれで難しいと思うんですけど。

鈴木 たしかにそれも大変です。私は東京都からの派遣で2年間働いていたときは、市民課にいました。そのときの課長が今は私の部下になっている。机を並べて働いていた上の人が、部下になるわけです。私が市長になってみんなが最初にいっていたのは、前とは違ってしまった、と。行政マンとして一緒に仕事をしていたけれども、市長としてどういう舵とりをするか、みんなが想像できなかったからですね。

人に任せる

前川　もう一つ、お聞きします。市長の仕事には、短期的には結果が見えにくいようなこともあります。これをあえて説得してやらなければいけないわけですよね。

鈴木　そうですね。そういうことばかりですね。

前川　課題解決というと、目先のわかりやすい結果が出るようなことばかりに集中してしまう傾向にあるような気がします。ところが、変化の激しい時代には短期と長期が非連続になっていて、多くの組織が中長期的に見ると、おかしなことになってしまっている。しかし、中長期の視点でやろうとすると、結果や成果、効果がすぐには認識されないので抵抗や反発も大きく、実際に中長期的な視点で課題解決をやっていくのは難しいというジレンマに陥ります。先ほど、小さな成功体験という話がありましたが、それ以外に何かあればお聞きしたいと思うのですが。

鈴木　地方自治体の首長には権限が集中していて、またそのことに寄り添うほうが楽なんです。夕張には24年間6期やった中田さん[*5]という元市長がいて、ワンマン体制でやってきた。方向性を示すだけでなく、個別の事業の隅々にまで市長へお伺いを立てて、右向け右、左向け左でやってきた。

今の夕張は、係長以下の若い人を短期的なプロジェクトのチーフにしています。そしてプロジェクトのチーフにはそれぞれ責任を持たせています。職層的には責任はないのですが。そうすると、立場が人をつくってくれ、人を育ててくれる。ただし、内々には成功するであろうと思うことをやらせているところもある。それでも、たぶん悪戦苦闘するはずなんです。

今、職員のバランスがすごくアンバランスになっているので、一人ひとりが一歩違う次元に移行してもらわないと、組織は回っていかない。そういう事情もあって、若い人たちにも責任を持たせている。この次のステップとして考えているのが、そういう短期的なプロジェクトチーフにディスカッションさせて、中長期的な政策を考えさせようと思っています。私自身が成果をみんなに認識させるというよりも、当事者が自分で認識するというふうにしないとダメだなと思っているからです。

前川　なるほど。プロジェクトをチーフに任せるっていうことは、何かしらの裁量も任せるってことですね？

鈴木　そうです。基本的には自由に考えろ、金が足りなくなったら金は用意すると。日本一

＊5　中田鉄治、1926–2003。

お金がない自治体ですけど。

何とかなる範囲のことしか、やってもらってないですけど。けれども、彼らにとっては大きなことです。

大学時代に最高・最低の経験を

阿部　ありがとうございました。もし大学生にアドバイスがあれば、お話しください。

鈴木　私が大学生にいいたいことは、大学時代に最高の経験と最低の経験をつくれということです。社会人になってから、そのどちらかを得たら失敗するので。勉強でも、部活でも、サークルでも、何でもいいけど、もう二度とこんなこと味わいたくないっていう最低の経験と、またみんなと力を合わせてこういう思いをしたいという最高の経験。その両方があれば、社会に出てからの拠りどころになるはずです。

3　インタビューからの学び

問題発見の技術

鈴木さんのお話、参考になりましたか。

まず、問題を発見するための技術としては、意識して観察することが大事だということです。たとえば、私たちも一度も行ったことのない地に一人で行ったとき、建物やら看板やらを注意深く見るし、信号機や標識に書かれている地名を一生懸命探すということをします。道に迷わず、目的地に到着できるように、それこそ目を凝らして歩くことが多い。そうすると、「この建物は新しくて大きいな」とか「ここの駅前はお店があまりないな」とか、いろいろな発見ができます。ところが、いつも通っている場所についてはどうでしょう。毎日のように発見することはないはずです。実際にはさまざまな情報が目から入っているにもかかわらず、日常のことなので気にして見ていないからです。

みなさんも入学や入社したてのころは、学校や会社の様子を注意深く見て回り、いろいろと発見したはずですよね。「ここには自販機があるな」とか「ここに来ればコピーがあるな」とか。でも、一カ月経ち、半年経ち、そして一年も経つと、それらは日常の風景と化してしまい、ちょっとした変化には気づかなくなる。あるいは、友達に毎日会っていると友達が成長しているようには見えないけれど、ひさしぶりに会うと成長に気づくことがありますよね。このように、私たちの身の回りは日々変化しているのだけれど、あまりに日常となってしまい、意識しないとその変化に気づかないということです。

逆にいうと、日常風景も意識して観察すると、さまざまなことに気づくし、発見があるはずなのです。鈴木さんは、「世の中は問題だらけですよね」とおっしゃっていますが、実際には、それが日常風景になっているために、見えているけれど見ていない人が多いのではないのでしょうか。

問題を発見するもう一つの技術は、見たこと知ったことを自分ごと化するということです。

みなさんは新聞やテレビで報道されるニュースにどの程度関心を持っていますか。もちろん多くの人が関心を持っていると思うのですが、実際にアクションを起こすまでに至る人は少ないのではないでしょうか。たとえば、学校や職場でいじめの問題が深刻になっています。いじめが原因で心の病になったり、自殺してしまったりする人もいます。こういう報道に接すると「犠牲者がかわいそうだ」とか「学校や会社は何をしているんだ」という感想を抱いたりするでしょう。けれど、自分は当事者ではないからと、一線を引いて考えているところがあるのではないでしょうか。どうしたらいじめ問題が解決できるのかと自分ごと化して、いじめ問題について調べてみたり、深く考えてみたりすることができる人は、あまり多くないように思います。

つまり、自分ごと化するというのは、他人が直面している問題について、自分ならこうするはずだとか、自分ならこう考えるはずだとか、自分の問題として捉えるということです。みなさんも、友人や知人がしていることや考えていることについて、自分のなかであれこれ考える場合があるはずです。それが自分ごと化するということです。自分ごと化してみて、さらに深掘りしようと思えば、問題発見ができるようになるはずだというわけです。

ところで、著名な経営学者であるハーバート・A・サイモン[*6]は、「問題解決は目標の設定、現状と目標（あるべき姿）との間のギャップの発見、それら特定の差違を減少させるのに適当な、記憶の中にある、もしくは探索による、ある道具または過程の適用というかたちで進行する」と述べています[*7]。つまり、問題とは現状と目標（あるべき姿）との間にあるギャップだということになります。鈴木さんは、日帰り温泉に入っているときも、その施設に関していろいろ考えると話していました。その日帰り温泉を自分なりにどう経営するかについて、施設の現状と理想について思いをめぐらせていたのでしょう。

このように、あるものごとについての現状を注意深く観察し、それを自分ごと化してそのあるべき姿を考えること、これが問題発見につながるのです。

問題解決の技術

では、問題解決の技術についてはどうでしょう。

問題解決に必要なのは何といってもリーダーシップです。

リーダーシップというと、メンバーを引っ張っていく力だ、と考えている人が多いと思いま

*6 Herbert A. Simon, 1916-2001。

*7 ハーバート・A・サイモン『意思決定の科学』産業能率大学出版部、1979年。

す。しかし、鈴木さんの話からは、これとは少し違っていることがわかったと思います。リーダーシップは、むしろメンバー一人ひとりの考えや体験を共有しつつ、人を巻き込んでいく力なのです。

私たちの社会——それには小さなグループから会社組織、地域社会や国家までを含みますが——は、多数の個人によって構成されています。そして社会を構成している個人は、それぞれ独自に思考し、発想し、さまざまな意見を持って生きている、多様な価値観の持ち主です。誰一人として、すべて同じ考えを持つという人はいないはずです（もしすべて同じ考えを持つ人々の集団があったとしたら、それはマインドコントロールされている人々の集団です）。だから、問題解決をしようとすると、その解決策に賛成の人だけでなく、条件付きで賛成する人が出てきたり、反対だという人が出てきたりするのです。

経済学にはパレート効率[*8]という用語があります。パレート効率とは、ある人の状態を改善するためにはその他の人の状態を悪化させなければならないような状態のことをいい、その社会がどれだけ効率的であるかを考えるうえで重要な概念となっています。たとえば、AさんとBさんで一つのケーキを分け合うとき、普通は半分ずつに分けますね。ケーキを半分ずつに切ったあとで、Aさんが自分の分を増やそうとすると、Bさんの分を減らさざるをえなくなるわけですが、そうするとBさんは不満です。この意味で、最初に半分ずつ分けるというのはパレー

＊8　ヴィルフレド・パレート（Vilfredo F. D. Pareto），１８４８–１９２３。イタリアの経済学者。

ト効率といえる状態なのです。

ところで、現実に何らかの問題や課題を解決しようとしたときに、誰かの状態を悪化させる場合が多いように思います。たとえば、日本が2013年に交渉参加を決めたTPP協定[*9]については、立場によって参加賛成と反対とが分かれました。たとえば、TPP協定の発効によって輸出拡大が見込まれる産業は賛成に回り、逆に低価格品の大量輸入によって打撃を受けると考えた産業は反対に回りました。環太平洋地域の発展にはTPP協定が重要で、日本の国益にも適うと理解できたとしても、自身の状態が悪化すれば反対せざるをえないのは人情でしょう。

こうした場合、賛成と反対それぞれの立場の人々の考えを共有し、それぞれが納得できるような解決策を提示することが大事なのです。

鈴木さんの話のなかで、小さな成功体験をつくってみんなと共有することが大事だ、という話がありましたが、参考になると思います。この小さな成功体験の共有が人を巻き込む力になるのです。人を巻き込むためには、そのことの目的や意義などに共感してもらう必要があります。そのために、ちょっとしたことでもいいからポジティブな体験を一緒にして、考えや体験を共有し、バラバラな個人を一体化していくのです。

また、人々と考えや体験を共有するために率先して行動しているということも、鈴木さんの話の端々から窺えたと思います。人を巻き込む第一歩である成功体験の共有には、誰かが率先

*9 環太平洋戦略的経済連携協定。

してその機会や場を提供しなければなりません。そうした機会や場を提供するのもリーダーシップなのです。ただし、これには全体のために犠牲になるという気持ちが必要となるかもしれません。とはいえ、つらいことも多いけど、誰かに「よかったよ」といわれると元気が出ると鈴木さんは話されていましたから、犠牲だけではなく何らかの報酬もあるようです。

みなさんも、問題発見のために、注意深く周囲を観察して自分ごと化して考えてみてください。また、リーダーシップを実践して問題解決に立ち向かってみてください。きっと、これまで以上に問題発見ができるようになり、問題解決が上手くいくようになると思います。

4 ビジネスシーンへの発展

正解探しから問題探しへ

ビジネスシーンへの発展についても、問題発見と解決に分けて考えていきましょう。まずは、問題発見について。高校生から大学生になった際も、授業のとり方やレポートなどで何が正解なのか迷うことがあったと思いますが、社会人になるといっそう迷う場面が増えてきます。先輩や上司の指示が正解だと思ってそのとおりにしていると、途中で矛盾を感じたり、想定外のできごとが起こり驚くことがあるかもしれません。

昨今では、ワークライフバランスが重視されるようになり、長時間労働はよくない、休暇もしっかりとろうという、国や企業をあげた働き方改革の機運が高まっています。これから就職するみなさんからすると、好ましい動きのように感じるかもしれません。しかし、この動きのなかで、じつは現場でさまざまな矛盾を感じて戸惑う若手社員が増えています。代表的な声を紹介しましょう。

「上司から仕事は増やされる一方なのに、残業はするなとも指示される。これはサービス残業をしろという意味なのか」

この若手社員の意見は一見筋が通っているように聞こえます。また世の中には残念ながら意図的に不当就労を強いるブラック企業が存在するのも事実でしょう。でも、そういった例外を除いたとしても、上司のいうことが矛盾している、先輩によって指示の仕方が違う、お客さまと自社の利益が相反するなど、実社会は矛盾や理不尽などで戸惑うことだらけです。そもそも、企業がなすべき仕事を疎かにして、従業員が早帰りし、タップリ休むだけになる状態が続けば、業績は悪化し、果てには倒産してしまいます。

だから、問題発見が大切なのです。仕事が増えても早く帰らなければならない現実を、上司のせいにして不満を募らせるのではなく、一つの問題と捉えて、自分は何をどう工夫すればよいのかと頭を切り替えるのです。何にどれぐらい時間がかかっているか上司に説明する、優先順位を相談して下位のものはやめる、作業効率を上げる訓練をする、作業効率を上げるＩＴツール導入を上司に相談する、ほかの方か外部に一部の作業をお願いする、などなど。問題と捉えて自分で考えると、解決策も浮かんでくるはずです。正解探しではなく、問題探しこそが、仕事をするうえで求められる能力なのです。

新卒採用などで企業が求める人物像として、「自律型人材」という言葉がよく使われます。いろいろな解釈・定義がありますが、ここでは、「自分で考えて行動できる人材」としておきましょう。この反対は、指示待ち、受け身な人材であり、企業が最も敬遠する人物像です。鈴木さんのお話のなかでも、自分の頭で考えることの重要性が語られましたよね。自分で考えるためには、自分の頭に問いを投げかけることが必要です。この問いをつくる出発点になるのが、問題発見なのです。しかも、鈴木さんも実践されていますが、考えるだけではなく、それを行動に移すことまでが社会人には求められるのです。

企業が求めるのは自律型人材

私は今を遡ること約30年前に働き始めました。入社して間もないころ、任された仕事のやり方がわからず先輩に質問すると、「お前はどうしたいの」といわれ、ビックリしたことを昨日のことのように記憶しています。まだ仕事もロクスッポ教えてもらっていないのに、酷い先輩だと憤慨しました。しかし、この問いを投げかけられたことで、何をどうやればいいのかわからないと匙を投げそうになっていた思考回路が切り替わり、グルグルと考え始めました。そして「○○でやってみたいのですが、どう思われますか」と相談することができ、先輩からも「よく考えたね。その方向でいいので□□に気をつけながらやってみなさい」とアドバイスをいただけました。私が勤めた会社は自律を強く求める風土だったため、以降、毎日のようにあちこちから「お前はどうしたいの」といわれる環境のなかで働いてきました。そのたびに生みの苦しみを感じ、問題から探さなければならなかったものの、今思えば自律型人材へと育てていただいたと感謝をしています。

現在は、会社を起業し10年以上が経ちました。当たり前ですが、経営者となると、誰も何が問題かを指摘してくれませんし、正解を教えてもらえることもありません。それでも日々問題発見ができるようになったのも、会社員時代に訓練してきたからだと感じています。

こういった問題発見の習慣を身につけていない人は、社会人になることを少し不安に思うかもしれません。でも、安心してください。ローマは一日にしてならず。毎日コツコツ、できることからやればよいのです。そのコツは、**先輩や上司から仕事を任せてもらった際に、必ず目**

的を確認すること。そして、その目的に対して作業が合致しているかどうか、自分ならどう改善するかを考えてみるのです。そして、アイディアが浮かんだら、先輩や上司に提案してみること。これを毎日続けるだけで、数年経つと見違えるほど成長できているでしょう。

なお、鈴木さんは生い立ちのなかで、高校生のころから相当ご苦労され、それが自分で考える契機になったと話されました。ここにも問題を発見する技術を磨くヒントがあります。つまり、ピンチはチャンスということ。八方塞がりで困り切ったからこそ、懸命に考えるようになり、そこから突破口が見つかるのです。仕事柄、たくさんの成功したリーダーを見てきましたが、順風満帆で来た人はほとんどいません。たいていは、ピンチや修羅場といえるような状況を経験し、そこで逃げることなく、自分で考えて行動を起こしてきた人ばかりです。それらの経験が積み重なって成長があるともいえるでしょう。会社にも栄枯盛衰がありますが、ピンチに陥ったときには強い危機感が現場に生じ、士気が高まったり、イノベーションが生まれたりして、また新たなステージに入っていくものです。

みなさんはもう、終身雇用されて就職した会社が一生面倒を見てくれることを信じる人は少ないでしょう。時代は刻一刻と変わってきています。これからは自分で自分のキャリアを切り開いていく時代です。鈴木さんはやりたいかやりたくないか、ということも強調されました。しかし、自分は何をやりたいのか、まだハッキリしていない人も多いと思います。社会経験がないのですから、それでいいのです。鈴木さんも、夕張市長に立候補し行政に打ち込む人生を選んだのは、「出会ったから」だと話されていました。行動することをやめず、一歩ずつ前に進んでいれば、出会いがあります。その都度、問題発見に挑戦してみましょう。理不尽なことがあった際、人のせいにするのではなく、自分ごと化して、自分に問いを投げかける訓練から始めてみてください。問題発見の先に、自分のやりたいことも少しずつ見えてくるはずです。

ビジョン（ゴールイメージ）を持つ

さて、続いて、発見した問題を解決する技術について考えていきましょう。社会人になると、問題を発見し、指摘するだけでは仕事とはいえません。その問題を自分ごとと捉え、周囲と協力しながら解決してこそ仕事になるのです。

あなたが働き始め、たとえば職場の問題を発見し先輩や上司に報告したり、営業職としてお客さまの問題を指摘したりした際に、「問題はわかった。で、どうすればいいの。あなたは何をしてくれるの」と切り返されたら、どうしますか。この問いに答え、解決に向けて行動することにこそ、仕事の本質があります。問題を指摘するばかりで、行動を起こさない人は、評論家タイプといわれることもあり、企業が採用時に敬遠する人物像の典型です。

では、問題を解決するためにはどのような技術が求められるのでしょうか。これは、いわゆるリーダーシップと呼ばれる技術です。リーダーシップというと、生徒会長や部活動でキャプテンを務める人物のような、生まれつきのリーダーというイメージがあるかもしれません。でも、そういった属人的な資質とは異なるものだと私は考えています。私が営む会社は、さまざまな企業でリーダーシップ開発の仕事をしており、その実感からも、むしろ、リーダーシップは後天的に鍛えることができると確信しています。私自身、部活動やサークル活動でキャプテンを務めた経験もない、引っ込み思案な地方の一学生でした。そんな私が東京に出てきて30年近く経った今、会社を経営し、リーダーシップを説いているのです。だから、「技術」という表現が適していると考えています。

さて、問題解決に向けたリーダーシップには、どのようなステップがあるのでしょうか。私は大きく3つのステップがあると考えています。最初のステップは、ビジョンを描くことです。問題を解決した暁には、どんな素敵なゴールにたどり着けるのかイメージを可視化することともいえます。ビジョンとは、「みんながワクワクする近い将来のありたい姿」と私は定義しています。鈴木さんは、夕張市の問題を発見したあと、その解決に向けて「人口減少を前提にしたコンパクトシティ」というビジョンを描きました。東京23区がスッポリ入ってあまりある広大な夕張市に、人口減少し高齢化した人たちが散在していると、行政サービスの効率性が悪く財政悪化の歯止めも利かない。そこでできるだけ、住民には指定した地域に集まって暮らしてもらい、その代わり行政サービスはその地域に集中して行きわたらせ、財政も再建しようというわけです。

ビジョンは、会社組織がチームとして機能するうえにおいても欠かせないものです。多くの企業が、会社の存在目的として経営理念を掲げ、それをもとにした中期経営計画を策定します。この中期経営計画のなかで必ずといっていいほどビジョンが定められます。経営理念は普遍的なもので、ビジョンは問題発見からつくられる可変的なものです。これらは、就職活動をする際に、会社説明会などでも聞かされるはずです。たとえば、私が営む株式会社FeelWorksであれば、経営理念（社志と呼んでいます）は「人を大切に育て活かす社会創りに貢献する」で、ビジョンは「この国に『人が育つ現場』を取り戻す」と定めています。企業が短期収益を追うあまり、時間と労力のかかる現場での人材育成が疎かになりつつあるという問題解決に挑み、再生させていくことがゴールイメージなのです。

周りを巻き込み、任せる

第二のステップは、問題解決の先にあるビジョンに到達するために、周りを巻き込んでいくことです。ビジョンへの到達が自分一人でできる仕事ならば、このステップは不要かもしれませんが、人間一人ができる仕事には限界があります。おのずと、多様な人たちの協力を仰ぎチームとして取り組まなくてはならなくなるものです。鈴木さんも、周りを巻き込んで仕事をしている様子を語ってくれました。

周りを巻き込むというと、上司になり部下を持ち、指示・命令できる立場になってからのことと思うかもしれませんが、そうではありません。時として、部下の立場から上司を巻き込んだり、組織の外にいる人たちをも巻き込んだりすることも必要となります。鈴木さんは、東京都の若手職員時代に、圧倒的に上の立場にいた副知事や人事課長を巻き込んだエピソードを披露してくれました。夕張市で市長になる前から、住民のなかに入り込み、一緒になって祭を復活させたりもしています。つまり、若手社会人であっても、周りを巻き込んで仕事をしていくことは可能なのです。

ただし、指示・命令できる権限がないのに、人を巻き込むことは難しいものです。ここで大切なのは、第一のステップのビジョンをセットにした働きかけです。要は「ワクワクする近い将来に向かって一緒に働きませんか」という巻き込み方です。ちなみに、現在の企業では、経営層や管理職においても、上意下達型のコミュニケーションではなく、巻き込み型のコミュニケーションが求められるようになってきています。年功序列や終身雇用が崩壊しつつある今、我慢して上司の命令に従うのは本意ではないという人がジワジワと増えてきているからです。だから、若手のうちから、周りを巻き込む場数をこなし、技術を習得しておくほうが、将来、部下を持つ立場になってからも困らないはずです。

また、周りを巻き込みチームをつくる際に意識しておきたいのは、メンバー一人ひとりの強みや持ち味を活かした役割を整理し、任せることです。**リーダーシップの発揮において、任せることはとても重要**です。問題解決に気持ちが逸るほど、自分でやったほうが早いのではないか、という誘惑が訪れます。でも、リーダーがメンバーに任せた仕事に手を出してしまうと、メンバーは立場がありませんし、やる気を失うかもしれません。それに、チームが大きくなるほど、リーダーがすべて手を動かすことは現実的ではなくなっていきます。企業の管理職研修などの際に痛感するのですが、受講する上司のみなさんは、短期収益だけを考えれば自分でやったほうが早いけれども、中長期的な企業の発展・成長を考えれば部下に任せなくてはならない、というジレンマと闘っているものです。

小さな成功体験を積み重ねる

第三のステップは、小さな成功体験を積み重ねることです。いかにビジョンにワクワクし、メンバーが集い働いてくれたとしても、たいていの場合、ビジョンの実現には、困難をともなうたくさんのハードルがあります。みんなで力を合わせて頑張っているのに、いっこうにゴールに近づけない、もしくは近づいている気がしないという状況では、チームには停滞ムードが生まれ、脱落するメンバーが出てきてしまうかもしれません。メンバーが脱落するだけでなく、肝心のリーダーである自分自身の気持ちも萎え、諦めてしまうかもしれません。そうなっては、問題解決はさらに遠のいてしまいます。だからこそ、途中途中に中間目標を設定し、それを一つずつクリアしていくことで、自分とみんなのモチベーションを萎えさせない、むしろ小さな成功体験が積み重なることで、全員のモチベーションがより上がっていくという構図をつくるのです。マラソン選手が、42・195キロ先のゴールではなく、次の電柱、その次の電柱と、目標設定し走り続けることと似ていますね。

鈴木さんも、大風呂敷を広げる（ビジョンを描く）ことともに、小さな成功をつくることをセットで考えることの大切さを語ってくれましたよね。その小さな成功プロセスをみんなで共有できると、小さな希望の光が感じられる、とも。千里の道も一歩から、ローマは一日にしてならず、とはよくいったものです。

この小さな成功体験の積み重ねの結果、ビジョンの実現、つまり成果を出すことに至るはずです。この成果を出すところまでたどり着けなければ、リーダーシップ発揮とはいえません。鈴木さんも語られましたが、いかに素晴らしいビジョンを打ち立てたとて、それが成果に結びつかなければ、そのうち人心は離れていきます。

ビジョンを描く、周りを巻き込む、小さな成功を積み重ねる――このリーダーシップの3つのステップは、それぞれ独立しているものではなく、すべてつながっているものです。ビジョンがないまま、無理やり人を巻き込み、途中の成功体験も感じられなければ、巻き込まれた人たちにとっては苦痛以外の何ものでもありません。財政破綻した夕張市のこれまでの市政は、国や北海道に管理され、ひたすら行政サービスを減らし、でも税負担は上げていくという構図だったそうです。住民からするとたまったものではありません。鈴木さんへのインタビューでも出てきたのですが、これでは、真っ暗闇のトンネルのなかを出口の光明が見えないのに、ひたすらムチで叩かれながら走らされるようなものです。当然、働き手である若い世代は、他の市町村に移り住み、支援が必要な高齢世代のみが残り、また税収が減るという悪循環に陥っていったそうです。

若手のうちから、リーダーシップ発揮のための3つの技術はぜひ意識しながら働いてもらいたいと思います。ただ、こういったテクニカルな面の土台として大切なことがあります。それは、責任をとる勇気です。鈴木さんも、市長となった現在は、若手職員に思い切って裁量を任せ、かつ「自由に考えろ、日本一お金がない自治体だけど、足りなくなったら金は用意する」と覚悟を示しています。これこそ責任をとる勇気、陳腐な表現かもしれませんが「本気」かもしれません。

たくさんの企業の組織変革を支援してきて痛感するのは、知識が豊富な人や頭が切れる人がリーダーになるのではないということです。年長だからリーダーになるというわけでもありません。チームの誰よりも、その問題解決について本気で考え行動し続ける人が、結果としてリーダーになっていくものです。

もし自分にはリーダーなんて向いていないと思うならば、リーダーになるかならないかを考える前に、問題を発見しその解決に向けて頑張りたいというテーマを探すことから始めてみてください。働き始めた最初のうちは無我夢中かもしれませんが、徐々に働くペースをつかみ、アンテナを張りめぐらせて問題意識を持てるテーマを見つけてください。そして本気でそれに打ち込んでいくうち、気づいたら、リーダーになっていたという未来が訪れるかもしれません。

おわりに

「伝える」「伝わる」とは

本書で取り上げた「自分を知ってもらう技術」「相手を知る技術」「記録する技術」「プレゼンテーションの技術」「自分の考えを伝える技術」には、ある共通点があります。基本的にこれらはすべて、誰かに何かを伝えるという技術なのです。「記録する技術」は違うように思えるかもしれませんが、ここにもじつは将来の自分という相手がいます。第3章の太田さんの話からわかるように、メモをとるとかノートをつくるというのは、将来の自分に伝えるということなのです。将来の自分に伝えるという意味で、誰かに何かを伝えることになるのです。

では、誰かに何かを伝え、それが正確に伝わるためには、どうしたらよいでしょうか。

そもそも、「伝える」と「伝わる」は、意味が違います。伝えるというのは、二、三人で会話したり、大勢の人たちにプレゼンテーションしたり、あるいは論文を書くなどして、情報を相手に届けることです。情報を届けたとしても、それを相手がどう認識し、どう考えるかは、自分ではわかりませんが、とにかく情報を届ければ、伝えたということにはなります。

しかし、相手に情報を届けただけでは、本当の目的を達成したとはいえません。相手に理解されなかったり、相手が誤解したりするなら、意味がないからです。誤解されずに、正しく理解されるように、情報が相手に正しく伝わる必要があります。

相手に情報が正しく伝わるために、大事な点が一つあります。それは、情報を伝えたあとに、たとえば1～2時間経ったときに、**伝えた相手がその情報を呼び戻せるか**ということです。情報が伝わるうえで大事なのは、話している最中に伝わることだけでなく、1～2時間後、あるいは1週間後か1年後かわからないけれども、あのときにあの人がこういうことをいっていたなと、伝えた情報を相手が呼び戻せるかどうかなのです。

最近の脳科学では、記憶することよりも、記憶を呼び戻すことが大事だといわれています。[*1] 情報を脳内にインプットすることは誰でもできるようなのですが、脳内にある情報のアウトプットが容易にできるかというと、そういうわけではありません。記憶障害の人は、情報のインプットができないのではなくて、アウトプットができないようなのです。したがって、「相手に伝わる」ためにも、インプットではなくて、**どれだけ相手にアウトプットしてもらえるかということが大事**なのだと思います。

第I章でも小林さんが、「バーベキューの○○さん」とか「この仕事なら□□さんに頼もう」というように、あとから思い出してもらえるような自己紹介がよいといっていましたね。

＊1 理化学研究所脳科学総合研究センター編『つながる脳科学——「心のしくみ」に迫る脳研究の最前線』（講談社ブルーバックス、2016年）を参照。

これも結局、相手にアウトプットしてもらえるような自己紹介が大事だということなのだと思います。時間が経過したあとにどれだけ自分のことを思い出してもらえるかということを考えて、自己紹介してみたらどうでしょうか。

このように、伝えた情報を相手にアウトプットしてもらうためには、相手の記憶をどうやったら呼び戻せるのか、ということを考えなければいけません。じつは、私たちが記憶を呼び戻すときには、感情が大きな役割を果たすといわれています。たとえば、嫌な思い出によってあることがトラウマになっている人は、嫌悪の感情から記憶を思い出してしまうのです。あるいは、喜んだときや嬉しいときのことを思い出してみると、一緒にいた相手のことも覚えているといったことも多くあるでしょう。痛いとか、嫌だとか、楽しいとか、さまざまな感情は、記憶に重要な影響を与えているのです。だからこそ、伝えるというコミュニケーションを行うときに、相手の感情をどうつくるか、動かすかということが、大事になってきます。

「コミュニケーションは心の距離を縮めること」だといえると思います。自己紹介をする、プレゼンをする、論文やレポートを書く、あるいはノートをつくるなど、形態は違いますが、基本は自分と相手、あるいは、自分と将来の自分、この両者の心の距離を縮めることが大事です。そのために感情をどう上手く使うのか――専門的には「情動」をどう使うのか――を考えることが肝心なのです。これも第1章で小林さんが、自己紹介のときに笑いをとるということをいっていましたが、あれも感情に訴えようとしていたわけです。

心の距離を縮める工夫

まず、工夫の1つめとしては、相手の心をどれだけ開くことができるかということです。小林さんの笑いをとるというのもそうですが、ほかにも第2章でお話しされた山根さんのつくっていた人生年表も、面白い工夫でした。インタビューの最初のほうで「あなたが×歳のときに△△という事件が起こりましたね」などといった話をすることで、心の距離を縮めようとしていました。

2つめの工夫は、相手に自分をどう理解してもらえるかということです。たとえば、第5章での山根さんのお話にもありましたが、レポートを書くときも、誰のために書いているのかを意識しなければいけません。教員も誰のために書いたのかわからない学生のレポートを読むのは苦痛なはずです。つまり、相手に理解してもらうためには、読む人の立場に立って、読む人の苦痛を和らげることが大切です。レポートを読むことの苦痛を和らげられれば、教員にもスッと理解してもらえるのではないでしょうか。

3つめの工夫は、相手にどれだけよい印象を残せるかということです。場合によっては悪い印象のときもあるかもしれませんが、印象を残すことが大切です。そのためには、やはり事前の準備が大事になってきます。自己紹介のメモをつくったり、プレゼンのためにメモをつくったりする際に、相手が誰なのか、どういう場面で使うのかなど、いろいろな要素について考えるわけです。

もちろん、メモどおりに進めるばかりではなく、切り替える場合もあるでしょう。たとえば、山根さんはインタビューする際にカルテをつくっていました（第**2**章）。インタビュー・カルテは、「構造化されたアンケート」ともいえますが、じつは山根さんは、カルテを使ってインタビューをしながら、ノートの端に相手に反撃するためのメモをとっていました。そういう意味では、構造化されたインタビューを行いながら、同時に非構造化していることになります。

第**4**章の中澤さんも、3分のプレゼンのために、時間をかけて事前準備をしていました。やはり、その場でとりつくろうだけでは相手の印象に残ることは難しく、どれだけ事前に準備しておくかが大事なのでしょう。

また、中澤さんは、相手が調べられることは相手に調べてもらったほうがいいということもいっていました。受動的にではなく能動的に調べてもらうことで、相手の記憶に残す。相手に「調べなきゃ」と思わせることができるように、そのとっかかりをつくることが大切です。中澤さんも、自分の製品を、むしろ細かいスペックなどは聞いている人たちに自分で調べてもらえるように話している、あえて「穴を掘る」ということをいっていました。そうすることによって、本当に興味を持った人は調べてくれるだろうと思っているわけですね。

人を巻き込む

結局、相手に興味を持たせるためには、記憶を呼び戻してもらうための工夫を行うことが重要です。プレゼンをするとか、何かを書くという際には、自分がアウトプットすることにばかり集中してしまいがちですが、むしろ相手がどう受けとめるか、さらには相手に受けとめられてから時間が経過したあとに、どれだけ呼び戻してもらえるかを考えなければいけません。

そのためにも、目的意識を持つことが重要です。まず自分が目的意識を持たないと、相手に目的意識を持たせることはできません。相手が目的意識を持ってくれれば、あとから思い出してもらって、行動させることができるはずです。第❻章で鈴木さんがいっていましたが、自分ごと化して考えてもらえるように、相手を巻き込んでいく工夫をしなければいけません。鈴木さんは、人を巻き込む工夫として、自分の考えや体験を相手にも共有してもらえるように、一つひとつ小さな成功体験を積み重ねていくことが大切だと指摘していました。

また、中澤さんのように穴を掘って相手に質問させることも、じつは巻き込む工夫だといえます。だから、質問に誘導するように、鍵になっている部分（キーポイント）をわざといわないのです。これもやはり自分ごと化してもらうための工夫なのです。

プロフェッショナルのみなさんが実践されている技術は、私たちには少し高度なようにも思えます。しかし、全章を通して振り返って整理してみると、じつは意外とシンプルなのかもしれません。一番大事なのは、相手にそのときの雰囲気や感情を通じて、自分自身の記憶を呼び戻してもらうということです。そのための技術が、本書で紹介した以外にも、たくさんあるということなのだと思います。

最後に、本書を読んだだけで、学ぶ技術と働く技術が向上するわけではありません。すぐに行動を起こして、実践することが、技術の向上には欠かせません。習うより慣れろ、ともいいます。はじめのうちは上手くいかないことも多いと思います。失敗してもいいから、本書で学んだことをどんどん実践してください。そして大事なのは、失敗したら、次は上手くやれるように、失敗の原因を探り、改善することです。**失敗して、改善することで、技術は向上していくはずです。**

● 編　　者

阿部　正浩（あべ・まさひろ）
中央大学経済学部教授

前川　孝雄（まえかわ・たかお）
株式会社 FeelWorks 代表取締役，株式会社働きがい創造研究所代表取締役会長，青山学院大学兼任講師

● インタビュー話し手

小林　靖弘（こばやし・やすひろ）［第 1 章］
株式会社コバ代表取締役社長

山根　一眞（やまね・かずま）［第 2 章，第 5 章］
ノンフィクション作家，獨協大学経済学部特任教授・環境共生研究所研究員

太田　あや（おおた・あや）［第 3 章］
フリーライター

中澤　優子（なかざわ・ゆうこ）［第 4 章］
株式会社 UPQ 代表取締役 CEO

鈴木　直道（すずき・なおみち）［第 6 章］
北海道夕張市長

● 本文イラスト　KOJIRO

5 人のプロに聞いた！
一生モノの 学ぶ技術・働く技術

We Asked 5 Professionals!
Techniques to Support Working and Learning throughout Your Life

2017 年 10 月 20 日　初版第 1 刷発行

編　者　阿　部　正　浩
　　　　前　川　孝　雄
発行者　江　草　貞　治
発行所　株式会社　有　斐　閣
郵便番号　101-0051
東京都千代田区神田神保町 2-17
電話　(03) 3264-1315〔編集〕
　　　(03) 3265-6811〔営業〕
http://www.yuhikaku.co.jp/

組版　有限会社ティオ／印刷　株式会社理想社／製本　牧製本印刷株式会社

ISBN 978-4-641-17434-4